T0161594

KIRCHE IM AUFBRUCH

Reformprozess der EKD

Herausgegeben vom Kirchenamt der EKD
Band 8

Freiraum

Kirche in der Region
missionarisch entwickeln

Im Auftrag des
Zentrums für Mission in der Region

herausgegeben
von Heinzpeter Hempelmann
und Hans-Hermann Pompe

EVANGELISCHE VERLAGSANSTALT
Leipzig

Bibliographische Information der Deutschen Nationalbibliothek
Die Deutsche Nationalbibliothek verzeichnet diese Publikation in der
Deutschen Nationalbibliographie; detaillierte bibliographische Daten
sind im Internet über http://dnb.dnb.de abrufbar.

© 2013 by Evangelische Verlagsanstalt GmbH · Leipzig
Printed in Germany · H 7685

Das Buch wurde auf alterungsbeständigem Papier gedruckt.

Umschlagfoto: Kleiner Junge steht auf Buhnen am Meer
                (Fotograf: Sven Lüders) © www.mev.de
Gesamtgestaltung: Kai-Michael Gustmann, Leipzig
Druck und Binden: Druckhaus Köthen GmbH & Co. KG

ISBN 978-3-374-03217-4
www.eva-leipzig.de

Geleitwort

Der Herr ist Geist; wo aber der Geist des Herrn ist, da ist Freiheit.
(2. Korinther 3,17)

Gott schenkt uns Menschen in Christus immer neue Freiräume zum Leben. Denn: In unserer Lebens-Bindung an
Gottes lebendiges Wort leitet und begleitet uns Gottes Geist
bei allem, was wir tun und lassen und gestalten. Und dieser
Geist Gottes befreit unseren Menschengeist von lähmenden
Ängsten, von inneren Zwängen und von tödlichen Schuld-
verstrickungen.

Gottes Geist schenkt Menschen immer neue Freiräume zu
glauben, zu lieben und zu hoffen – auch in unsicheren Zeiten
und auch angesichts äußerer Bedrohungen. Das Evangelium
von dieser Freiheit „auszurichten an alles Volk" (vgl. Barmen 6) ist bleibender Auftrag für alle Nachfolger und Nach-
folgerinnen Christi und auch für unsere Kirche. Und diese
befreiende Kraft des Evangeliums soll gerade auch durch
„Mission in der Region" erfahren werden.

Die Bindung an Gottes Wort schenkt unserer Kirche dabei
große Gestaltungsfreiräume für die Erfüllung ihres Missi-
onsauftrages. „Freiraum" ist deshalb ein guter Titel für dieses Buch. Veränderte Strukturen, neue Kooperationen und
ungewohnte Wege können in den Blick genommen werden.
Aufbau, Struktur und Praxis des missionarischen Handelns
können immer wieder neu an aktuelle Erfordernisse angepasst werden.

Wie das gehen kann, dazu legt das EKD-Reform-Zentrum
„Mission in der Region" mit diesem Buch anschauliche Beispiele vor. Im Zusammenspiel von Kirchenrecht, ekklesiolo-
gischer Neuorientierung und praktischer Umsetzung kann

eine *missionarische Konzentration auf die Region* Ortsgemeinden, Kirchenkreisen und Landeskirchen wie Werken und Einrichtungen eine gemeinsame Perspektive ermöglichen.

Ich wünsche diesem Buch eine große Verbreitung und seinen Leserinnen und Lesern einen segensreichen Gebrauch. Möge es vielen Menschen innerhalb und außerhalb unserer Kirche neue Freiräume aufzeigen. Und möge Gottes Geist auch durch dieses Buch zur Gestaltung von Freiräumen in den Regionen der Evangelischen Kirche in Deutschland anstiften.

Nikolaus Schneider,
Vorsitzender des Rates der EKD

Inhalt

INHALT

Hinführung

Unser Band bindet einen bunten Blumenstrauß von Perspektiven, Einsichten und Impulsen zusammen. Kirchenrecht und kirchenleitende Erfahrungen auf verschiedenen Ebenen, praktisch-theologische und geistliche Gesichtspunkte, administrative und prozessuale Einsichten, theologische Reflexionen und ökumenisches Lernen bieten jedem, der mehr zur „Region als mehrdimensionalem Gestaltungsraum" von Kirche wissen will, eine Fülle von Anregungen. Wir bauen mit dieser Veröffentlichung auf der vom EKD-Zentrum für Mission in der Region (ZMiR) erarbeiteten Regionenthese auf und wenden uns an alle, die einerseits mehr Hintergrund- und Reflexionswissen wollen, andererseits ganz konkret fragen: Wie geht das eigentlich: Mission, Kirche in der Region?

Wie bekommen wir eine nüchterne Zustandsbeschreibung (wir werden „kleiner, älter, ärmer") hin, ohne den Mut, die Orientierung und die Perspektive zu verlieren? Der Greifswalder Praktologe und Direktor des Instituts zur Erforschung von Evangelisation und Gemeindeentwicklung (IEEG) bringt in seinem einführenden Beitrag zusammen, was zusammengehört. Michael *Herbst* formuliert zunächst drei Thesen zum Umgang mit der Krise, zu dem möglichen Gestalten von Kirche und zu einer sich hingebenden Mission als Wesenszug Gottes und seiner Kirche. Ein Plädoyer für die Praxis einer bunten Vielzahl von Gemeindeformen unter einem Dach (These 4) und eine Erörterung der besonderen Tugenden, die hier gefordert sind (These 5) schließen den Beitrag ab.

Von der Metropolregion Berlin bis zum Wolfserwartungsgebiet Uckermark: Markus *Dröge*, der Bischof der EKBO, der Evangelischen Kirche Berlin-Brandenburg-schlesische Oberlausitz, bietet in unserem Band mit *„Stadt, Land, alles im Fluss. Volkskirche in der Region"* ebenso anschauliche wie praktische Überlegungen. Seine zentrale These: Die Regionperspektive erlaubt es, im Anschluß an herkömmliche und bewährte Strukturen kirchlichen Lebens Volkskirche zu bewahren und zu leben, „auch wenn die Zahlen noch kleiner werden".

Was Reformprozesse konkret an Herausforderungen bieten, wie sie gelingen können, wo aber auch mögliche Klippen liegen, beschreibt das Autorenteam Martin *Alex*, wissenschaftlicher Mitarbeit am Institut zur Erforschung von Evangelisation und Gemeindeaufbau, Greifswald, und Juliane *Kleemann*, Theologische Referentin am ZMiR, Standort Dortmund, am Beispiel einer ländlich peripheren Region im nördlichen Brandenburg. Die beiden Mitarbeiter des ZMiR haben diesen Prozess evaluiert. Ihr Bericht ist beides: anschaulich und ermutigend. Auch unter schwierigen und schwierigsten demographischen Bedingungen kann es gelingen, die (Über-)Lebensfähigkeit einer kirchlichen Region zu sichern. Es gibt Alternativen zu dem Teufelskreis von immer weitergehenden Kürzungen und Mitgliederschwund.

Und wie sehen Veränderungsprozesse auf regionaler Ebene konkret aus? Was müssen sie beachten, und vor welchen Herausforderungen stehen sie? Ralph *Charbonnier*, Superintendent des Evangelisch-lutherischen Kirchenkreises Burgdorf/Hannover, leistet in seinem Beitrag beides: Reflexion von Grundlagen bis hin zur Rezeption von Management-Modellen der Gegenwart und deren Verknüpfung mit theologischen Motiven als auch eine konkrete Auflistung und Beschreibung der Fülle von Faktoren, die auf der „mittleren Ebene" bedacht und integriert werden müssen.

Wie sehen eigentlich die Erfahrungen in der katholischen Schwesterkirche aus, und was kann man ggf. von dort lernen? Der Leiter der katholischen Arbeitsstelle für missionarische Pastoral (KAMP) der Deutschen Bischofskonferenz, Hubertus *Schönemann*, referiert sowohl gesellschaftliche Veränderungen wie Ansätze innerkirchlicher Strukturveränderung und Reform. Seine zentrale These: Diese haben nur dann Sinn, „wenn dadurch auch ein neues Denken Raum gewinnt und sich neue Weisen des Kircheseins ausbilden können".

Kirchenrechtliche Reflexionen sind nicht jedermanns Sache. Sie sind bei unserem Thema aber ein „must have". Wie sehen denn die juristischen Spielräume für kirchliche Regionalentwicklung aus? Der Kirchenjurist Landeskirchenrat Hans-Tjabert *Conring*, Bielefeld, trägt in seinem Beitrag „Kirchenrecht überschreitet mit Recht Grenzen" nicht nur einschlägige Überlegungen vor. Er gibt eine Einführung in den kirchenjuristischen Denkansatz überhaupt und schlägt dabei immer wieder Brücken zwischen Theologie und seiner Disziplin. Das interessante Ergebnis: Kirchenrecht führt nicht notwendig in einen morphologischen Fundamentalismus, sondern eröffnet auch neue Horizonte.

Eine besonders reizvolle Anregung bietet der interdisziplinäre Blick über den theologischen Gartenzaun, zu dem der Leiter des ZMiR, Pfr. Hans-Hermann *Pompe*, anleitet. Er fragt nach der „kreativen Region" und geht dabei bei dem Stadtplaner und Städtevisionär Charles Landry in die Schule. Was ist von diesem bei uns noch viel zu wenig bekannten Systemtheoretiker und Kreativitätsforscher für Transformationsprozesse zu lernen, wie sie auch für die Umgestaltung von Kirche in der Region und für die Region anstehen?

Fallen Organisationsgesichtspunkte und geistliche Perspektiven bei einem Umstrukturierungsprozeß nicht notwendig auseinander? Christhard *Ebert*, Pfarrer und Prozessberater im EKD-Zentrum Mission in der Region, Standort Dortmund, geht aus vom Verständnis der Region als „mehrdimensionalem Gestaltungsraum" und zeigt in faszinierender Weise, wie sich von 1Kor 12 und Röm 12 her zentrale Gesichtspunkte der Prozessmoderation in der Region als geistliche Herausforderungen begreifen lassen (und umgekehrt!). Als Wahrnehmungs- und Steuerungsinstrument stellt er den im ZMiR entwickelten Regionenkompass vor.

Wir schließen den Band mit einem Beitrag von Heinzpeter *Hempelmann*, Theol. Referent im ZMiR, Standort Stuttgart und Professor an der Evangelischen Hochschule Tabor, Marburg, ab. In neun Thesen werden auf knappem Raum die Herausforderungen benannt, vor denen sich eine Kirche sieht, die sich an Region als Richtgröße orientieren und in sie hineinwirken will. Neben einer Reihe von kritischen Fragen markiert der Beitrag aber auch Pfade, die Erfolg versprechen und in denen weitergedacht werden kann.

Der Ratsvorsitzende der EKD, Nikolaus *Schneider*, erinnert uns in seinem Geleitwort an das, was all unserem Planen und Überlegen, unseren Mühen und Visionen doch erst einen Sinn gibt: Es ist das Evangelium, das Freiraum zum Leben stiftet und das uns auch Freiräume zur Gestaltung der Kirche eröffnen will.

Heinzpeter Hempelmann und Hans-Hermann Pompe
Stuttgart/Dortmund im Juli 2013

Michael Herbst

Mehr Vielfalt wagen

Praktisch-theologische Überlegungen zur Region als Missions-Raum

Es ist Dienstagmittag (!), 13:30 Uhr! Wir sind hier sozusagen zwischen Mittagessen, Suppenkoma und Abreisestress versammelt, gut angefüllt mit den Impulsen und Gesprächen der letzten beiden Tage. Was soll nun also fast am Ende ein Vortrag noch leisten? Selten gibt es in solchen „Nachspielzeiten" derartige Wachmacher wie das Tor von Zlatan Ibrahimović beim Länderspiel Schweden gegen England vor knapp einer Woche, diesen Fallrückzieher aus fast 30 Metern Entfernung in das Tor der verdutzten Engländer. Da war man schon fast aus dem Stadion und dann kam das Beste. Es wäre vermessen, sich so etwas vorzunehmen, aber was soll dann die geschätzten Zuhörer bei Laune halten und zum Hören verführen?

Ich werde es versuchen, indem ich nicht vieles Bekannte und oft Gesagte wiederhole, sondern genau das tue, was der Untertitel von mir verlangt: Ich biete Ihnen einige praktisch-theologische Reflexionen an, markiere Problemzonen und Handlungsperspektiven, vielleicht sogar Kunstregeln für das Leitungshandwerk in kirchlichen Regionen. Der Greifswalder Praktische Theologe Martin von Nathusius schrieb 1899 über die Aufgabe der Praktischen Theologie: „Es gilt, alle diejenigen Schritte zu thun, welche [das] Evangelium jedem neuen Geschlecht und jedem Volk der Erde zugänglich machen."[1]

---

1   Martin von *Nathusius* 1899, 28.

Das ist also am Ende die Aufgabe. Das Evangelium zugänglich machen: jeder Generation, jedem Volk, jedem Menschen, an allen Orten, in allen Regionen. Ich ordne meine Überlegungen um der besseren Nachvollziehbarkeit willen in fünf Thesen.

Erste These (Stichwort: Krise):
Am Ende der sieben fetten Jahre besteht gute kirchliche Leitung aus einer Mischung von stocknüchterner Aufrichtigkeit, frommem Vertrauen und Mut zu punktueller Innovation. Dass wir am Ende der sieben fetten Jahre (vgl. Gen 41) sind, muss ich nicht eigens begründen. Es ist uns sattsam bekannt, dass wir uns der Erschöpfung nähern, in vielfacher Hinsicht. Aufs Ganze gesehen werden wir kleiner, älter und ärmer. Wir tun dabei seit Längerem, was in der Natur von sozialen Systemen liegt: Wir versuchen durch kleinere und größere strukturelle Anpassungen das System zu stabilisieren. Regionalisierung ist eines der Stichworte; das Wort hat seinen ehedem guten Klang dabei gründlich ruiniert, ist es doch für viele zum Synonym für schmerzhafte Verlusterfahrungen, Stellenabbau, mangelnde Wertschätzung der eigenen Arbeit, Einschnitte und von oben verordnete Vernunftehen geworden.[2]

An dieser Stelle kommt es gelegentlich zu einem *kommunikativen „double-bind".*[3] Ein *double-bind* ist eine widersprüchliche Botschaft, die den Empfänger irritiert, ja sogar kränkt. Er hört z. B.: „Komm her, ich habe Zeit." Und er sieht

---

2 Vgl. Stefan *Bölts* 2008, 22.

3 „Beim Double Bind handelt es sich um ein Kommunikationsmuster, bei dem widersprüchliche Nachrichten gleichzeitig übermittelt werden." Siehe: <http://www.conflict-prevention.org/familientherapie/double-bind>, aufgesucht am 18. November 2012.

ein verschlossenes Gesicht und eine abwehrende Körpersprache. Eine klassische Doppelbotschaft ist auch: „Du könntest mich mal wieder mit Blumen überraschen." Kirchlich übersetzt hört die Pfarrerin: „Lasst uns doch gemeinsam, wirklich miteinander neu überlegen, wie wir kirchliche Arbeit in unserer Region effizienter und effektiver gestalten können und welchen Mehrwert diese neue Lage für uns alle bringen kann." Und sie hört gleichzeitig das Alternativlose: „Es gibt keine Alternative zu Fusion, Konzentration, Einsparung von Pfarrstellen, Schließung von Kirchgebäuden." Unter dem Strich hört sie: Ihr dürft euch jetzt ganz freiwillig an eurer Minderung beteiligen. Elke Schölper nennt das mit gutem Grund eine von Unklarheit geprägte Kommunikation. Vorne geht es um Visionen, hinten um Zwänge. Erst wird um freiwilliges Mittun gebeten, dann wird das Unabwendbare kommuniziert.[4]

Nun meine ich durchaus *nicht*, dass diese unangenehme Doppelung *vermeidbar* wäre. Weder können wir so tun, als wäre es alles gar nicht so schlimm und weitere sieben fette Jahre lägen vor uns. Noch sollten wir es unterlassen, aus der Not doch etwas Tugendhaftes zu machen, nämlich tatsächlich zu überlegen, ob nicht in der Krise auch eine Chance zur Besinnung und zum Neuanfang liegt. Das Problem ist nicht diese Doppelung, sondern deren Kommunikation.

An dieser Stelle setzt meine These an; sie plädiert für eine *anspruchsvolle Mischung im Leitungshandeln der Kirche*: stocknüchterne Auskunft, frommes Vertrauen und Mut zu punktueller Innovation.

– *Stocknüchterne Auskunft*: Der Vietnam-Veteran Jim Stockdale verbrachte 8 Jahre in Kriegsgefangenschaft, wurde mehr als 20-mal gefoltert und wusste in der

---

4   Vgl. Elke *Schölper* 2008, 231.

gesamten Zeit nie, ob er seine Familie je wiedersehen würde. Stockdale wurde gefragt, warum er überlebt hat und nicht resignierte. Seine Antwort war: Ich habe nie die Hoffnung aufgegeben, dass ich da wieder rauskomme und am Ende sogar stärker bin als zuvor. Dann wurde er gefragt, wer nicht überlebt hat. Antwort: die Optimisten. Warum nicht? Sie haben sich immer wieder gesagt: „Weihnachten sind wir zu Hause." Und dann Ostern! Und dann wieder Weihnachten. Das hat sie zermürbt. Das *Stockdale-Paradox* gehört zum Grundbestand vieler Management-Trainingsprogramme: „Über dem Glauben an ein gutes Ende – an dem man immer festhalten muss – darf man nicht vergessen, sich mit den brutalen Situationen auseinanderzusetzen, wie schlimm diese auch sein mögen."[5] Die sieben fetten Jahre sind vorüber, das Geld wird knapp, die Regionen werden unter dem demografischen Wandel leiden, die luxuriösen Ausstattungen der 70er Jahre sind nicht zu halten, ihr werdet Liebgewordenes loslassen müssen. Manches wird sterben. Es gibt Orte, an denen wird es kein eigenständiges kirchliches Leben mehr geben. Wir werden Grund zur Trauer haben. Wir dürfen unseren Ehrgeiz der flächendeckenden Versorgung nicht mehr auf dem Rücken der Haupt- und Ehrenamtlichen austragen.[6] Die Zumutung, immer präsent, sichtbar, beweglich, zuständig zu sein, macht krank.[7] Es geht vielerorts nicht mehr. Stocknüchterne Auskunft.

– *Frommes Vertrauen*: Frommes Vertrauen ist nicht der Versuch, die stocknüchterne Auskunft wieder auszu-

---

5 Jim *Collins* 2003, 116.

6 Vgl. Thies *Gundlach* 2012, 349 f.

7 Vgl. Leslie J. *Francis*, Mandy *Robbins*, Peter *Kaldor* und Keith *Castle* 2005, 101–120.

hebeln. „Es wird schon alles nicht so schlimm werden!"
„Am Ende macht der liebe Gott, dass alles gut wird." In
der Erziehung und in der Seelsorge würden wir sicher
sagen: Das wäre eine regressive Frömmigkeit. Frommes
Vertrauen geht nicht an den Realitäten vorbei – es geht
mit durch die Realitäten hindurch. Kirchentümer können sterben – die Kirche Jesu Christi nicht. Liebgewordenes wird uns genommen – aber Gott hat einen Weg für
uns durch die Wüste in ein gutes, neues Kirchenland. Die
Menschen scheinen so fern – aber Gott ist schon unterwegs zu ihnen.

Paul Zulehner spricht davon, dass wir eine *„gläubige
Ekklesiologie"*[8] brauchen. Aber die gläubige Ekklesiologie, die ihm vorschwebt, lässt los, was sterben will, sucht
nicht zu halten, was sich nicht halten lässt, sondern
bricht auf. Noch sind wir am Rand der sieben fetten Jahre,
noch geht einiges, nehmen wir es tapfer in die Hand und
vertrauen: Jesus baut seine Gemeinde, und die Pforten
der Hölle werden sie nicht bezwingen (Mt 16,18).[9] Eine
gläubige Ekklesiologie investiert tapfer das anvertraute
Pfund und vergräbt es nicht ängstlich (Mt 25,14–30). Sie
nimmt demütig an, dass die sieben fetten Jahre zu Ende
gehen und größere Armut wartet, und sie nimmt mutig
in Angriff, was jetzt zu tun ist, um wieder wachsen zu
können. Eine gläubige Ekklesiologie setzt *nicht auf Illusionen, aber auf Verheißungen*. Das eine vom anderen zu
unterscheiden, ist uns aufgetragen. Gute, seelsorgliche
Leitung erlaubt nicht rückwärtsgewandtes Beharren im

---

8 Paul *Zulehner* 2007, 535.

9 Wer also sagt: „Ach, uns geht es doch noch recht gut, bei uns sind die Verhältnisse noch nicht so dramatisch", sollte sich umso mehr gerufen wissen, jetzt die Möglichkeiten zu nutzen und zukunftsfähige Lebensformen
der Kirche zu fördern.

Sterbenden, aber tröstet mit dem Blick auf den Herrn, der neues Leben aus dem Tod schaffen wird. Kamen wir mit Geld eine ganze Weile ohne Gott aus, sind wir ohne Geld plötzlich ernsthaft angewiesen auf Gott.[10]

– *Mut zu punktueller Innovation*: Ich zitiere noch einmal Paul Zulehner: Er kritisiert, dass kirchliche Reaktionen eben doch häufig rückwärtsgewandt sind und das alte System der Volkskirche über die Zeit retten wollen, verdünnt und entkräftet, auf dem Rücken der Mitarbeiter. Es sei „bedrückend zu sehen, wie ein Großteil der innovativen Kraft der Kirche in die Sanierung der Strukturen investiert wird"[11]. „Statt die Kirchen in ihrer inneren Kraft zukunftsfähig zu machen, werden sie [...] in die Vergangenheit zurücksaniert. *Kein Aufbruch droht.*"[12]

Das scheint generell auch aus der Sicht etwa der *Politikberatung* eine unkluge Strategie zu sein. Ich verdanke Thomas Schlegel den Hinweis auf eine *Studie des Berlin-Instituts* zu den demografischen Entwicklungen in ländlichen Räumen.[13] Andreas Weber und Rainer Klingholz zeigen, dass es drei Strategien im Umgang mit demografischem Wandel gibt. Zwei davon scheitern regelmäßig[14]: Zum einen das *Gegensteuern*, zum anderen das *Anpassen*. Wer gegensteuert, pumpt viel Geld und Energie in die Bewahrung der alten Strukturen, etwa des öffentlichen Nahverkehrs oder der Gesundheitsversorgung, aber die Entwicklungen werden dadurch in der Regel nicht aufgehalten. Wer anpasst, verschlankt die Strukturen und setzt auf einen geordneten Rückbau; er hinkt aber

---

10 Vgl. Paul *Zulehner* 2007, 535.

11 Ebd., 533.

12 Ebd., 534.

13 Vgl. Berlin-Institut für Bevölkerung und Entwicklung, 2009.

14 Vgl. ebd., 5.

immer den Entwicklungen hinterher. Mit einem Wortspiel heißt es hier: Man lindert die Symptome, aber wird der Syndrome nicht Herr.[15] Die Forscher schlagen stattdessen eine dritte Strategie vor: nämlich am Schrumpfen vorbei gezielt *Innovationen* zu *fördern*, also Neues zu beginnen, alternative Wege auszuprobieren und dazu die Ressourcen am Ende der sieben fetten Jahre zu nutzen.[16] Ich denke, dass im Kontext dieser These deutlich wird: Auch das umgeht nicht den nötigen Rückbau. Ohne Anpassung wird es nicht gehen, aber neben die Anpassung tritt nun die Innovation. Der Blick richtet sich nach vorne. „Kluge Kirchenleitungen werden [..] versuchen, in die bestehende (und vergehende) Kirchengestalt zukunftsfähige Elemente oasenartig einzupflanzen."[17]

Paul Zulehner hat das einmal konkretisiert: „Widerständig ist Religion [...] um so eher, je mehr sie [...] in überschaubaren Gemeinschaften gestützt wird. [...] Es wäre [...] gut, gleichsam jetzt schon Überlebensvorrat für durchaus mögliche schlechtere Zeiten zu schaffen, nämlich persönliche Glaubensüberzeugung und die Vernetzung von Überzeugten."[18]

Das ist also meine erste These: Leitungshandeln möge stocknüchterne Auskunft mit frommem Vertrauen und gezielter Investition in Innovationen verknüpfen.

---

15 Vgl. ebd., 6.

16 Vgl. ebd., 11. „Sie setzen nicht an den Folgen einer Entwicklung an und suchen diese zu berichtigen. [...] Sie organisieren vielmehr an der bestehenden Schrumpfung vorbei neues Handeln, das nicht primär Symptome lindern muss, sondern das neue Dynamik schafft, die dann einen Abwärtstrend umkehren kann."

17 Paul *Zulehner* 2007, 538.

18 Paul *Zulehner* 1989, 193 f.

Zweite These (Stichwort: Gemeinde):

In der praktisch-theologischen Reflexion sind merkwürdige kirchentheoretische Kurzschlüsse zu überwinden. An ihrer Stelle muss die Weite des protestantischen Kirchenbegriffs wieder entdeckt werden.

Nun wäre es praktisch-theologisches Harakiri, Ihnen „zum Nachtisch" die gesamte kirchentheoretische Debatte vortragen zu wollen. Was für unseren Zusammenhang wichtig ist, ist die Beobachtung, dass der Aufbruch zur „Mission in der Region" von stark rezipierten praktisch-theologischen Konzepten behindert wird. Diese Konzepte finden Gehör in der Kirche, weil sie so tröstlich sind und den Pfarrer wie die Oberkirchenrätin zu beruhigen vermögen. Zwei dieser Konzeptionen möchte ich anschauen und demonstrieren, dass sie letztlich narkotisierende Wirkung haben können. Ihr Motto lautet im ersten Fall: „Weiter so!" Und im zweiten Fall: „Halte, was du hast!"

„Weiter so!" Für den ersten Fall beziehe ich mich auf die Arbeiten von Gerald Kretzschmar, Pfarrer in der Pfalz und Privatdozent in Bonn und Mainz. *Gerald Kretzschmar setzt bei einer unter Praktischen Theologen beliebten Figur an: der stabilen Mitgliedschaft von treuen Kirchenfernen.*[19] Sie kommen selten, aber ihre Zugehörigkeit und ihr Gefühl der Verbundenheit mit der Kirche sind stabil. Kretzschmar rät dringend davon ab, die treuen Kirchenfernen für mehr äußere Beteiligung oder innere Zustimmung gewinnen zu wollen. Das sei vergeblich und auch unnötig. Vergeblich sei es, weil in pluralisierten Gesellschaften Distanz äußerst wichtig sei. Der Einzelne hält Abstand zu den Institutionen und Organisationen; von Zeit zu Zeit aber sucht er deren Nähe, um

---

19 Gerald *Kretzschmar* 2012, 156.

dann wieder auf Abstand zu gehen.[20] Unnötig sei es, weil die reformatorische Christenheit die Freiheit des einzelnen Getauften über alles schätzt und ihn nicht kirchlich bevormunden darf.[21] Die regelmäßige Teilnahme am Gottesdienst etwa ist nicht entscheidend für die stabile Bindung an die Kirche. Wichtig ist, dass man „bei Gelegenheit" teilnehmen kann und dass die Kirche verlässlich für die Themen eintritt, die man von ihr erwartet: nämlich erstens das diakonische Engagement für Einzelne, zweitens die geistliche Begleitung durch Kasualien und drittens das gottesdienstlich-geistliche Handeln, unabhängig davon, ob man daran teilnimmt.[22]

Kretzschmars *Konsequenzen*: Da die Ressourcen knapp und die Erwartungen der Mitglieder stabil sind, wäre es nicht sinnvoll, Änderungen im kirchlichen System vorzunehmen, die obendrein Geld kosten.[23] „Eigentlich könnte alles so bleiben, wie es ist."[24] Seine Überlegungen, das sagt Kretzschmar wörtlich frank und frei, „legen strukturkonservative Zugänge nahe". Er empfiehlt schließlich, die starke Rolle der Pfarrer nicht in Frage zu stellen.[25] Gerald Kretzschmar setzt auf das „weiter so". Davon würden alle profitieren: Die Kirche, weil sie stabil bleibe, der Einzelne, der in seiner religiösen Autonomie geachtet würde und „bei Gelegenheit" zur

---

20 Vgl. ebd., 158–160.

21 Vgl. ebd., 152+160 f.

22 Vgl. ebd., 163–165. „Aus dem breiten Themenspektrum, das die Kirche vorhält, sind es das gottesdienstlich-geistliche Leben, die kasuelle Begleitung in Schwellensituationen des Lebens und das diakonisch helfende Handeln für spezielle Zielgruppen, die in Fragen der Kirchenbindung von zentraler Bedeutung sind" (165). Und diese Themen sind ja, so Kretzschmar, erfreulicherweise mit dem Auftrag der Kirche sehr gut kompatibel (vgl. 166).

23 Ebd., 166.

24 Ebd., 160 f.

25 Ebd., 167.

Kirche hinzustoßen könnte. „Eigentlich könnte alles so bleiben, wie es ist."

Zwei *Probleme* erkenne ich hier: Zum einen wird Kirche zwischen den Polen „Einzelner Mensch" und „Kirche als Institution" betrachtet, während die Bedeutung der regelmäßigen „Versammlung unter Wort und Sakrament" zurückgestuft wird. Es herrscht immer noch der Glaube, bei den Kirchenmitgliedern sei eine gesunde und stabile christliche Religiosität auch jenseits ihrer Teilhabe an kirchlicher Gemeinschaft zu erhoffen. Das halte ich für absolut illusionär. Zum anderen wird die Stabilität dieser Art von Kirchenmitgliedschaft deutlich überschätzt. Wir wissen genau, dass die Verbundenheit mit der Kirche und die Zustimmung zum christlichen Glauben mit der Nähe zur versammelten Gemeinde zunehmen und mit der Distanz zu ihr abnehmen. Wer Kirche mit dem „weiter so" in die Zukunft führen möchte, wird ein böses Erwachen erleben, denn die Kirche der treuen Kirchenfernen ist auf dem Rückzug. Wir leben am Ende der sieben fetten Jahre.

Eine deutlich andere Sicht der Dinge finden wir bei *Isolde Karle*.[26] Sie legt mit wünschenswerter Klarheit die Schwächen der Kirchentheorien offen, die die Versammlung der Gemeinde tendenziell abwerten. Sie hält ein entschiedenes Plädoyer für die Ortsgemeinde, und zwar für die Ortsgemeinde als Parochialgemeinde mit einem starken Pfarramt. Die Ortsgemeinde ist kein „kirchliches Auslaufmodell"[27]. Hier gestalten – so ihre Ansicht – „Menschen aus den unterschiedlichsten Milieus" das gemeindliche Leben. Hier gewinnt *Kirche „Kontur und Anschaulichkeit"*.[28] Hier ist direkte,

---

26 Vgl. Isolde *Karle* 2010, vor allem 124–192.

27 Ebd., 124.

28 These 3 aus den 12 Thesen zur Kirchenreform (s. o.).

nicht mediatisierte (!), leibliche Begegnung möglich, die Menschen so dringend brauchen.[29] Der theologische Hintergrund liegt in einer beachtlichen Feststellung zur „Kirche des Wortes": Das Wort gibt es nämlich nicht ohne die Versammlung. „Die Weckung und Stärkung des Glaubens setzt die Beziehung der Gläubigen, die congregatio sanctorum, notwendig voraus. Wortverkündigung und Versammlung der Gläubigen sind unmittelbar miteinander gekoppelt."[30] Versammlung und Wort sind die unverzichtbaren Pole der evangelischen Christenheit. Ja: *„Kirche realisiert sich primär und zuerst in und als Gemeinde und hat nur als Gemeindekirche Zukunft."*[31] Diese Gemeindlichkeit des Glaubens am Ort in den kleinen Versammlungen ist im Neuen Testament und in der Alten Kirche maßgebend, sie wird erst durch die Konstantinische Wende relativiert; es bildet sich nun eine „flächendeckende Versorgungs- und Massenkirche", freilich mit dem Gemeinschaftsgedanken als Regulativ.[32] Noch einmal mahnend sagt die Bochumer Kollegin: „Ohne Beziehung verfällt der Glaube."[33] Isolde Karle bringt das hochdifferenziert ins Verhältnis zu funktionalen Diensten und neuen Gemeindeformen, aber unter dem Strich sagt sie: Entscheidend für die Zukunft der Kirche ist die Ortsgemeinde, und zwar als Parochialgemeinde mit starkem Pfarramt.

Und das genau halte ich für den *entscheidenden Kurzschluss*. So sehr ich Frau Karle zustimme in ihrer engen Verkoppelung von Geselligkeit und Religion, von Wort Gottes und leiblicher Versammlung an konkreten Orten, so wenig stimme ich ihr zu, wenn sie diese lokalen Versammlun-

---

29 Vgl. Isolde *Karle* 2010, 88.

30 Ebd., 81.

31 Ebd., 132.

32 Ebd., 135.

33 Ebd., 145.

gen mit der Parochie identifiziert. Da wird ein historisches Modell von Kirche, ein „Kirchentum", zu rasch mit der Kirche selbst identifiziert. Das führt zu der beschriebenen Strategie, mit der sich Isolde Karle gegen den EKD-Reformprozess stellt: „Halte, was du hast!"

Das ist nun für mich *die entscheidende Schaltstelle.* Während wir bei Kretzschmars „Weiter so" auf eine *weitgehende Abwertung der regelmäßigen, leiblich-lokalen Versammlung unter Wort und Sakrament* vorfinden, finden wir bei Karle eine *weitgehende Identifikation dieser regelmäßigen, leiblich-lokalen Versammlung unter Wort und Sakrament mit der Parochie und einem relativ dominant gedachten Pfarramt.* Ich möchte an dieser Stelle einfach erinnern, dass wir in den reformatorischen Kirchen nur sehr wenig für notwendig erachten, wenn es um die wahre Kirche geht. Da hat Isolde Karle sicher recht: „Die Weckung und Stärkung des Glaubens setzt die Beziehung der Gläubigen, die congregatio sanctorum, notwendig voraus. Wortverkündigung und Versammlung der Gläubigen sind unmittelbar miteinander gekoppelt."[34]

Alles andere ist zwar nicht beliebig, aber doch der jeweiligen Gestaltung überlassen.[35] *„Nicht irgendeine Verfassung ... macht die Kirche zur Kirche, sondern allein ihr Verfasstsein in Wort und Sakrament."*[36] Darum ist es fatal, den vielschichtigen biblischen Begriff der ekklesia einlinig zu interpretieren und mit einem bestimmten, wenn auch bewährten und uns überkommenen Modell zu identifizieren.[37] Die Versammlung, das Wort und das Sakrament – darauf kommt es an.

---

34 Ebd., 81.
35 Vgl. Eberhard *Hauschildt* 2012, 218.
36 Hans-Georg *Pöhlmann*, 1986, 64.
37 Ebenso: Elke *Schölper* 2008, 233.

In allem anderen sind wir frei. Wir können und dürfen dann sowohl in kleineren als auch in größeren Größenordnungen denken, wir können uns lokale Hausgemeinden denken, örtliche Gottesdienstkerne, kleine kommunitäre Zentren, überschaubare örtliche Dienstgruppen, Netzwerke von Menschen ähnlicher Milieus, intakte profilierte Parochien, kooperierende oder fusionierende Ortsgemeinden. Wir können ebenso eine Region als *ekklesia* denken, in der es wiederum beides gibt, die große Vollversammlung im Tempel wie die kleinen Treffen „von Haus zu Haus" (Apg 2,46). Und das alles werden wir dann auch ordnen hinsichtlich der Verantwortung von Pfarrern, Haupt- und Nebenamtlichen und Ehrenamtlichen. Und wir werden es rechtlich ordnen, aber so, wie es die Verhältnisse verlangen. Aber entscheidend ist, was Johannes von Lüpke auf den Punkt brachte: *„Kirche ist dort, wo geschieht, was Kirche zur Kirche macht."*[38] Das Prozess- und Ereignishafte der Kirche ist primär, Strukturen sind sekundär.

Dritte These (Stichwort: Mission):
Eine wesentliche Herausforderung besteht darin, den Blick nach außen und nicht nur nach innen zu richten. Auch nach den sieben fetten Jahren kann sich Kirche wesensmäßig nur als missionarische Kirche verstehen und gestalten. Missionarisch ist sie, wenn sie der Selbsthingabe Gottes folgt.
Es wäre eine erhebliche Gefährdung für die Kirche, wenn sie sich jetzt, angesichts nachlassender Ressourcen, auf sich selbst zurückzöge und aufhörte, „Kirche für andere" zu sein. Auch das würde nur zu ihrer weiteren Marginalisierung beitragen und sie letztlich schwächen. Wolfgang Nethöfel stellt zu Recht fest, dass die Kirche sich gerade so wieder erholt,

---

38 Zitiert in Isolde *Karle* 2010, 84.

indem sie zu einer Bewegung wird, „die nach außen und auf die Ränder schaute, um zu sich selbst zu finden"[39]. Profil hat eine Bewegung immer an ihren Rändern. Profiliert wird die Kirche, indem sie sich der Mission Gottes anschließt. So gesehen ist Kirche immer „randständig".

Ich kann hier nicht die gesamte Missionsdebatte aufrufen, aber vielleicht hilft es, sich eine missionswissenschaftliche Kernfrage anzuschauen: Mission ist zuerst eine theologische und nicht eine ekklesiologische Kategorie. Demnach ist Mission *der* Wesenszug Gottes selbst und darum auch *der* Wesenszug der Kirche schlechthin! Mission ist also nicht nur *eine* mögliche Konsequenz des Wesens Gottes und darum auch nicht nur eine unter vielen Tätigkeiten in der Kirche.

Man muss das aber nun sehr genau anschauen, um zu verstehen, was damit gemeint ist: Theologen wie Stephen Holmes und John Flett sagen etwa: Es ist ja Gottes Wesen, sich selbst zu verschenken. Man sieht es an der innertrinitarischen Geschichte: Der Vater zeugt den Sohn und „atmet" den Geist, und der Geist ist Gabe an den Sohn, wie der Sohn Gabe ist an den Geist. Nichts hält der Vater zurück, so sehr ist Geben sein Wesen.[40] Und diese innere Bewegung setzt sich sofort nach außen fort. Das ist kein Zweites, nichts Nachgelagertes, das ist vielmehr die ewige Absicht des Vaters: Der Vater sendet und gibt den Sohn, Vater und Sohn senden und geben den Geist, und der dreieinige Gott sendet und gibt die Gemeinde als Gabe an die Welt. Senden ist Hingabe, Geschenk und liebevolle Zuwendung. „Mission is God's self-giving for the sake of humanity."[41] Das heißt aber auch:

---

39 Wolfgang *Nethöfel* fragte in seinem Beitrag „Regionalisierung – Kröte oder Prinz?" = Zentrum für Mission in der Region, 2011, 7.

40 So zitiert und referiert bei Michael *Moynagh* 2012, 123–126.

41 Ebd., 125.

Liebevolle Selbsthingabe für den anderen ist der Wesenszug der Mission schlechthin. An ihr hat die Kirche Jesu Anteil. Michael Moynagh formuliert es so: Die Gemeinde Jesu kann wesensmäßig gar nichts anderes sein als „self-giving with an outward focus"[42], als eine Selbsthingabe mit einem außenorientierten Fokus. Es wäre äußerst töricht, über die Neuordnung gemeindlichen Lebens nachzudenken, ohne sich zu verständigen, was dieses „self-giving with an outward focus" hier und jetzt einschließen soll. Und auch für die Kirche ist das kein zweiter Schritt, sondern ein unverzichtbares Wesensmerkmal.

Meine Frage lautet: Könnte es dann ein erster wichtiger Schritt sein, nicht so sehr zu fragen, wie wir unsere Gemeinde erhalten können (das wäre der Blick nach innen), sondern zuerst zu fragen, was denn unsere Gemeinde in dem Raum, in dem wir leben, „bedeutet", inwiefern sie guttut für die, die hier leben, und mittut in dem, was Gott hier tun will. Trachtet dann zuerst nach dem, was Gottes Mission für diesen Raum ist, und erlebt, wie euch dann alles andere zufallen wird (nach Mt 6,33). Es wäre der Blick weg von der Sorge auf den morgigen Tag und hin zum Trachten nach Gottes Reich.

Liest man die Texte des Neuen Testamentes, dann fällt dieser Fokus nach außen immer wieder auf: In der Sendungsrede nach Matthäus etwa ist es der Blick auf die Ernte, die so groß ist, dass um mehr Arbeiter gebeten werden muss. Die Kleinheit der Jüngerschar wird also nur zum Problem um der Größe der Ernte willen. Und die Jünger werden sofort selbst zu Gesandten. Die Ernte, im Alten Testament oft ein Bild des Gerichts, wird zum Bild des Heils. Und an dieser Ernte teilzuhaben wird zum besonderen Privileg der Gesandten (nach Mt 9 und 10).

---

42 Ebd., 126.

Dabei ist es hilfreich, sich an den fünf Merkmalen der Mission zu orientieren, die in der anglikanischen Kirchengemeinschaft einmal im Sinne einer integralen Missionspraxis zusammengestellt wurden. Sie zeigen, dass es Mission nicht geben kann ohne selbstlosen Dienst für das Wohl von Mensch und Schöpfung. Gleichermaßen kann Mission nicht von der Sehnsucht Gottes absehen, dass der verlorene Sohn und die verlorene Tochter wieder heimkehren in ein vertrauensvolles Verhältnis zum Vater. So sind diese fünf Merkmale der Mission zu lesen und aufeinander zu beziehen: eben nicht additiv, sondern integral, nicht so, dass der eine dieses und der andere jenes tut, sondern so, dass auch hier der Mensch nicht scheiden soll, was Gott zusammengefügt hat. Dann geht es darum:

- To proclaim the good news of the kingdom
- To teach, baptize and nurture new believers
- To respond to human need by loving service
- To seek to transform unjust structures of society
- To safeguard the integrity of creation, and to sustain and renew the life of the earth[43]

Ich möchte diese zentrale These mit drei kleinen Anmerkungen beschließen:

1. Der Blick nach außen *rückt die Verhältnisse wieder gerade*. Jüngst war ich auf dem platten pommerschen Land auf einer kleinen Kinderstation in einem kleinen Krankenhaus. Der Arzt erzählte von den bedrängenden Lebenslagen minderjähriger Mütter, die kaum in der Lage seien, für sich und ihr Kind aufzukommen. Er sagte (mit einer Geste, als hielte er ein Neugeborenes auf dem Arm), manchmal schaue er auf ein solches Kind und sage: „Schade um dich, dass du am falschen Platz zur Welt

---

43 Zitiert in ebd., 129.

gekommen bist." Ich habe gedacht: Was passiert, wenn eine kleine Gemeinde hier Verantwortung übernimmt, weil das um Gottes willen nicht hinnehmbar ist? Was passiert, wenn sie die Patenschaft übernimmt: für eine minderjährige Mutter in einer überforderten Familie, für die Betreuung eines vereinsamten alten Menschen auf einem verlassenen Gutshof, für Freizeitangebote für ein paar einfache Jungs, bevor die rechten Rattenfänger nach ihnen greifen. Eines davon, nur eines, aber mit dem Blick nach außen, angefeuert von einem Gott, der nicht anders kann, als sich zu verschenken.

2. Wenn wir das täten, kämen wir *aus manchen Konkurrenzen heraus*. Wir würden nicht fragen: Stiehlst du mir jetzt mein Schaf aus der karteikastenmäßig erfassten Gemeinde? Wir würden fragen: Wie tun wir alle miteinander je unser Bestes für möglichst viele Menschen in dem Raum, in dem wir gemeinsam glauben, leben und dienen? Wir würden uns absprechen, gewiss, aber es wäre kein Grund zur Klage, wenn dann die minderjährige Mutter in der Nachbargemeinde mit dem Krabbelkreis heimisch würde und der einsame alte Mensch von jungen Senioren einer anderen Gemeinde einmal in der Woche abgeholt würde. Die Summe der missionarischen Reichweiten wäre wichtiger als der eigene Kirchturm. Missionarische Diversität wäre ein Pluspunkt für geistliche Einheit.

So formuliert es ja auch das EKD-Zentrum Mission in der Region in seinen 37 Thesen: Wir fischen eben nicht mehr alle „Barsche" aus demselben Teich, sondern sehr verschiedene Fische.[44]

---

44 Vgl. EKD-Zentrum für Mission in der Region, 2012, 30–32.

3. Die größte Not machen mir dabei Gemeinden, die missionarisch sein wollen und dann *wesentliche Schritte überschlagen*. Zu einer missionarischen Gemeinde gehört nicht nur die gute Absicht. Wir haben gerade eine hochengagierte „fresh expression", die in einer großstädtischen Region neben den Ortsgemeinden entstand, begleitet. Hochmotivierte, begabte, missionarische Menschen! Aber als sie starteten, nahmen sie sich vor: Wir sind für Menschen Kirche, die in keine Kirche gehen, für die treuen Kirchenfernen zum Beispiel. Und dann haben sie gesagt: Wir wissen ja, wie das geht. Wir fangen einen suchersensiblen Gottesdienst an, wir bieten Glaubenskurse und dann Hauskreise an, und das müsste doch klappen. Es klappte – bedingt. Unter dem Strich wurden Menschen erreicht, die zu einem ähnlichen Milieu gehörten wie die Initiativgruppe. Die Reichweite in die Zielgruppe war – überschaubar! Nun liebe ich suchersensible Gottesdienste, Glaubenskurse und auch Hauskreise, aber ich mache mir Sorgen, wenn das „Mission" sein soll. Denn etwas Wesentliches unterblieb: *das Eintauchen in den missionarischen Kontext*, das Hören und Fragen mit den Menschen, das Begehen der Räume, das betende Suchen: Was ist hier dran? Unterbleibt das, dann fällt uns etwas zu schnell doch wieder dasselbe ein wie immer schon.

Mit der vierten und fünften These kann ich nun zu den Folgerungen kommen, die sich m. E. wie von selbst daraus ergeben:

Vierte These:

Es geht in der evangelischen Kirche um die Anerkennung regionaler Räume als Gestalt von Gemeinde, die lokale kirchliche Gemeinschaften nicht gefährdet, sondern als „episkopaler Bezirk" die „Heimat der geistlichen Heimaten" werden kann. Ziel muss es sein, eine einigermaßen gleiche Zugänglichkeit zum Evangelium für möglichst viele Menschen zu sichern.

Das ist die kirchentheoretische Herausforderung, die sich aus der zweiten und dritten These ergibt: Kirche ist eben nicht nur die Ortskirchengemeinde. Spannend wird es, wenn wir zunächst in einem theologischen (und noch nicht gleich in einem juristischen) Sinn auch kleinere, mittlere und größere Gestalten von geistlicher Gemeinschaft (These 2) mit missionarischem Fokus (These 3) als „Gemeinde" zu sehen lernen. „Kirche im Aufbruch" geht davon aus, dass dieser Vorstellung die Zukunft gehört;[45] noch aber muss man sagen, ist der Parochialismus ungebrochen.

Das Ganze wird *ein bisschen unordentlicher*, weil nicht mehr so sauber Gemeinden nebeneinanderliegen, sondern nun nebeneinander, übereinander, ein bisschen durcheinander. Und es ist für uns ungewohnt, nun auch die Region nicht nur als Verwaltungseinheit zu sehen, sondern als Gemeinde, als Heimat der geistlichen Heimaten. Aber es lässt sich verstehen: Ich helfe uns zu ein paar Ordnungskriterien, das mögen wir Preußen ja so sehr: Die Grundidee besteht darin, dass sich mehr Vielfalt unter dem Dach einer regionalen Gemeinde denken lässt als bei einem Modell katasteramtsmäßig nebeneinanderliegender Ortsgemeinden. Ich denke konkret an:

---

45 Thomas *Begrich*, Thies *Gundlach* und Thorsten *Latzel* 2012, 213.

– *Drei Ebenen*: In der Region gibt es nun ein Miteinander kleiner, mittlerer und großer christlichen Gemeinschaften in einem bestimmten Raum, in einer Region. Michael Moynagh formuliert das, was ich hier meine, mit biblischen Metaphern:[46] Er spricht vom *Zelt*, von der *Synagoge* und vom *Tempel*.

  • Der *Tempel* ist der geistliche Zentralort in einer Region. Dorthin kommt man sozusagen zur Wallfahrt, nicht jeden Sonntag, aber ein paar Mal im Jahr. Hierhin strömt man und feiert die großen Feste des Glaubens – ab und an. Von hier gehen Impulse aus in die ganze Region. Der Ort ist gut bekannt, auch für wenig bis gar nicht kirchliche Menschen ist er eine Chance zum Andocken, bei großen evangelistischen, kirchenmusikalischen oder bildenden Events.

  • Die *Synagoge* entspricht etwa der Ebene der Parochien. Es sind mittelgroße Gemeinschaften mit regelmäßigen Gottesdiensten. Hier ist vielleicht auch der Pastor angesiedelt; er ist nicht mehr für alles zuständig, sondern für die Begleitung und Betreuung der „Zelte". Er ist eher ein Apostel als ein Hirte. Durch Kooperation und Fusion können die „Synagogen" recht groß werden. Durch die Begründung von neuen Ausdrucksformen gemeindlichen Lebens wie z.B. Jugendkirchen oder Profilgemeinden können auch nichtparochiale Synagogen dazukommen.

  • Und die *Zelte* sind die kleinen, sehr informellen, sicher eher ehrenamtlich geführten Orte des geistlichen Lebens, sehr ortsnah, vielleicht auch etwas instabil, sie kommen und gehen, sie bieten geistliche

---

46 Vgl. zum Folgenden Michael *Moynagh* 2012, 67 f. Vgl. ähnliche Muster (Cell, Cluster, Celebration) bei Bob *Hopkins* und Mike *Breen* 2007.

Gemeinschaft, haben einen spezifischen Fokus für einen Dienst an anderen und sie sind mit der Synagoge und dem Tempel vernetzt. Sie wissen, dass der Pastor sie begleitet, aber dass sie vor Ort selbst Verantwortung tragen.

– *Vier Merkmale* haben sie, das wird deutlich, wenn wir nun tatsächlich These 2 und 3 verknüpfen: Gemeinden sind Gemeinschaften unterschiedlicher Größe, in denen Menschen Gottes Wort hören, sich darüber austauschen, zusammen beten und Gott loben. Und Gemeinden sind Gemeinschaften unterschiedlicher Größe, die einen spezifischen missionarischen Fokus haben. Das sind die beiden ersten Merkmale der Kirche in der Zukunft: das geistliche Leben und der missionarische Fokus. Das alles sollte eine gewisse Dauer versprechen und in irgendeiner Weise öffentlich zugänglich sein.

Unsere anglikanischen Freunde[47] nennen vom Nicänischen Glaubensbekenntnis her zwei weitere ekklesiale Merkmale und kommen so auf vier: „Ich glaube an die eine, heilige, katholische und apostolische Kirche." Die *Gemeinde Jesu existiert damit in einer vierfachen Relationalität*. Und diese vier Beziehungen sind auf das Engste miteinander verknüpft. Es geht um die Beziehung zum dreieinigen Gott (up), zu einander als verbindlicher Gemeinschaft (in), zu unserer je kleinen oder großen Welt – sie ist also Teil der Mission (out) und zu unserer größeren kirchlichen Gemeinschaft, z. B. in der Region, aber auch in der Landeskirche und Konfession (of).

Die Mitte dieser vier Beziehungen ist aber immer die Person, auf die sich alles bezieht, nämlich *Jesus* selbst. „Jesus is the hub round which these relationships

---

47 Vgl. Michael *Moynagh* 2012.

happen."[48] Sie spiegeln das Wesen Jesu in seiner Verbindung mit dem Vater, in seiner Gemeinschaft mit den Jüngern, in seinem Reden und Dienen in der Welt.

Wir starten also in einer Region einen *Regionalentwicklungsprozess*. Wir stellen Fragen; diese Fragen haben etwas von einer Schatzsuche. Wir starten damit nicht bei den Defiziten, bei den Gemeindegliederzahlen oder beim Stellenplan. Wir lassen die strukturellen Aspekte den strategischen folgen:

1. Wo sind bei uns überlebensfähige geistliche Gemeinschaften (unabhängig von ihrer Größe und Rechtsform)? Wo ist also, nach der Metapher von Thomas Schlegel und Martin Alex[49], das „Lichternetz" der kleinen Gemeinschaften im Raum? Menschen sind die wesentliche Ressource.[50]

2. Wo sind *besondere missionarische Herausforderungen*? Im Sinne einer „missionarischen Subsidiarität" fragen wir: Was tut keiner, wenn wir es nicht tun? Und wo zeigen sich bei uns entsprechende Begabungen?

3. Wo sind Orte, die *die Kapazität haben, geistliche Leuchttürme* zu werden, stärkend und tröstend für die kleinen Gemeinschaften und anziehend für geistlich suchende Menschen?

4. Und wo müssen wir bekennen: „Es ist traurig, aber wahr, dass wir es hier einfach nicht mehr schaffen, so dass *Rückbau und Abschluss nötig* werden!"?

5. Wie schaffen wir es, uns so im Raum aufzustellen, dass möglichst viele Menschen einigermaßen *gleichwertige Zugangschancen* zum Evangelium haben?

---

48 Ebd., 107. Hub im Sinne von Mittelpunkt und Drehscheibe.

49 Vgl. Martin *Alex* und Thomas *Schlegel*, 2012.

50 Vgl. EKD-Zentrum für Mission in der Region, 2012, 50 (These 34).

Aber die Pointe meiner These lautet: Das alles erfüllen nicht nur Ortskirchengemeinden, es gilt auf allen Ebenen kirchlichen Lebens, und ich deute es jetzt noch einmal aus für das Zelt und den Tempel, denn das sind für uns die neuralgischen Punkte:

Sehen wir uns zunächst *die kleinen Gemeinschaften ("Zelte")* als Gemeinden an. Es sind Gemeinschaften, die entweder als „fresh expressions" entstehen, sei es gezielt von Kirchengemeinde (solo oder in Kooperation) gegründet, sei es spontan aus einem freien Netzwerk von Christen geboren. Oder es sind Gemeinschaften, die z. B. in ländlichen Räumen gemeindliches Leben im Dorf tragen, auch wenn man keinen Pastor mehr hat und vielleicht nicht mehr selbstständig Kirchengemeinde ist. Also konkreter: Das Netzwerk von betenden Bankern in der Rhein-Main-Region ist dann in diesem Sinn Gemeinde, wenn sie tun und erleben, was Gemeinde zur Gemeinde macht. Die kleine Versammlung am Sonntagmorgen, die ohne Pastor mit der Gemeindeagende im Dorf Gottesdienst feiert, ist Gemeinde. Der Hauskreis, der sich aus einigen jungen Familien in einer ländlichen Region formte, jenseits parochialer Grenzen und nach Entwidmung der Dorfkirche, ist Gemeinde. Die studentische Wohngemeinschaft ist Gemeinde, die im Plattenbau wohnt und dort als Nachbarn Kinder zur Kinderstunde und zum Nachhilfeunterricht einlädt. Die Dienstgruppe, die – ursprünglich von mehreren Gemeinden gebildet – ein Café betreibt für ältere Menschen und sich immer mehr zur eigenständigen Gemeinde entwickelt, ist Gemeinde. Die Jugendlichen aus der Region, die eine nicht mehr genutzte Kirche als Jugendkirche erhalten, sind Gemeinde. Das alles kann parochiale Grenzen sowohl unterschreiten wie überschreiten.

Ebenso ist aber auch die *große regionale Gemeinschaft Gemeinde.* Kirche in der Region als Gemeinde, als Heimat der geistlichen Heimaten, als schützendes Dach für die alten und neuen Gemeinschaften des Glaubens, die sich in einer Region geformt haben. Hier ist die Gemeinde vielleicht vor allem Kathedrale, Aufsicht und Zentrallager.

1. Sie ist *Tempel*, weil hier die kleinen und größeren Gemeinden einer Region, die Parochien, die kooperierenden und fusionierenden kleinen Gemeinden, die fresh expressions und Dienstgruppen ab und an zusammenfinden zu den ganz großen Gottesdiensten, zu den ermutigenden Festen des Glaubens, zur erlebten und gestalteten Einheit des Leibes Christi. Auch größere Aktionen diakonischer und evangelistischer Art werden vom Tempel organisiert.

2. *Aufsicht* klingt unfreundlich, meint aber die Tatsache, dass die größere kirchliche Gemeinschaft die kleinere nicht im Stich lässt, sondern nach ihr sieht, und dass die kleinere kirchliche Gemeinschaft sich verantwortlich weiß, denn sie ist zwar im vollen Sinne, also ganz, Gemeinde, aber nicht die ganze Gemeinde. Hier geschieht so etwas wie Rechenschaft, damit das, was vor Ort gelebt wird, auch tatsächlich Kirche bleibt. Hier geschieht Seelsorge, wenn der missionarische Fokus zur Überforderung wird. Hier geschieht Korrektur, hier werden Konflikte bearbeitet, mit denen Einzelne nicht mehr fertig werden. Hier wird Kooperation angebahnt und unterstützt.

3. *Zentrallager* meint die Ausstattung der kleinen kirchlichen Gemeinschaften durch die größere. Die Vielfalt kleiner Gemeinden bedarf der Zurüstung, der Schulung. Es ist die größere kirchliche Gemeinschaft, also die Gemeinde in der Region, die hier aushilft. Sie ist einer Art Kirchenvolksschule, bietet Kurse über die Bibel an und zu Fragen der Leitung, sie bietet auch einmal einen großen Glaubenskurs an oder eine Bildungsveranstaltung anderer Art.

Fünfte These:

Regionale Räume als Gestalt von Kirche bedürfen einer besonderen geistlichen Leitung: Ihre Tugenden sind Fehlerfreundlichkeit, Entschleunigung, Wertschätzung, Partizipation, Konfliktfestigkeit, Weiterbildung und geistliche Begleitung.

Ich kann diese letzte These fast für sich selbst sprechen lassen. Das Zentrum für Mission in der Region hat gerade einen Regionalentwicklungsprozess in Brandenburg begleitet. Es waren harte Einschnitte nötig, es war ein komplizierter und schmerzhafter Prozess. Ich habe sehr viel gelernt aus der Dokumentation dieses Prozesses.[51] Und das möchte ich stichwortartig gerne ans Ende stellen:

– Ich habe eine Einsicht bestätigt bekommen: Es ist fast immer den Aufwand wert, solche Prozesse extern moderieren zu lassen, um nicht in der Doppelrolle von Moderator und Interessenvertreter unterzugehen.

– Es scheint mir ebenso sicher, dass es gut ist, zunächst mit einer Koalition der Willigen zu beginnen, also bei denen, die nicht nur Verlust fürchten, sondern Gewinn erhoffen. Kritiker und Skeptiker erst einmal in Distanz, irgendwie basisversorgt, zuschauen zu lassen, ist die klügere Strategie gegenüber dem Zwang. „Ohne Druck kein Ruck"?[52] Mag sein, aber es ist die konfliktträchtigere Strategie!

– Und es scheint mir sicher zu sein, dass nicht immer Nachbarschaft gute Koalitionen schafft, sondern eher inhaltliche, geistliche, gemeinschaftliche Verbundenheit. Mit dem Zentrum kann man es so sagen: Wir brauchen „verflüssigte Grenzen".[53]

---

51 Vgl. Martin *Alex*, Juliane *Kleemann* und David *Lissig* 2012.

52 Elke *Schölper* 2008, 236.

53 So auch die 19. These des Zentrums für Mission in der Region. Dort heißt es u. a.: „Kooperationsräume jedoch brauchen verflüssigte Grenzen und ge-

- Außerdem ist es wesentlich, miteinander geistliche Visionen zu entwickeln, für die man dann auch strukturelle Reformen akzeptiert.
- Schließlich habe ich noch einmal gelernt: Man kann nicht genug kommunizieren; man kann aber sicher zu früh denken, dass doch alles allen klar sein sollte. Regionalisierungsprozesse bedingen mühsame Beziehungsarbeit.[54]

Solche Prozesse fordern Führungspersonen in den regionalen Gemeinden sehr heraus: Ihre Fortbildung halte ich für zwingend. Sie müssen ebenso Wertschätzung zeigen wie Prügel einstecken. Sie müssen herausfordern und „klare Kante" zeigen, wo sie auf Illusionen treffen. Sie müssen Prozesse verstehen und mit anderen zusammen Visionen und Ziele formulieren. Sie müssen Geduld haben und den kleinen Aufbrüchen Zeit gewähren. Sie müssen Mut machen, etwas zu wagen, auch wenn es scheitern kann. Sie müssen managen und spirituell begleiten. Das kann in der Regel nur ein Team von Führungspersonen in der regionalen Gemeindeleitung. Und es bedarf der Unterstützung durch die größere kirchliche Gemeinschaft der Landeskirche.

Ich komme zum Schluss: Ich möchte Sie gerne zum Schluss mit einer kleinen Begebenheit ermuntern. Sie hat zu tun mit Gottes Wesen, seiner Suche nach Menschen und seiner Art, da, wo nichts mehr ist, überraschende Neuanfänge zu schaffen. Das Gespräch, das ich vor wenigen Tagen führte, war für mich in geistlicher Hinsicht etwa so sensationell wie das Tor von Zlatan Ibrahimović in sportlicher Hinsicht. Eine junge Frau meldete sich zu einem Gespräch. Sie studiert Ev. Reli-

winnen Kraft auch in den Bereichen dieser Uneindeutigkeit." Siehe: EKD-Zentrum für Mission in der Region, 2012, 38.

54 Annegret *Freund* in: Zentrum für Mission in der Region, 2011, 13.

gion auf Lehramt. Sie stammt aus einer sehr entkirchlichten Familie in einem sehr entkirchlichten Teil Ostdeutschlands. Sie hatte überhaupt keine Berührung mit dem christlichen Glauben. Mit 14 Jahren sieht sie im Kino den Disney-Film „Prinz von Ägypten" – und es packt sie und lässt sie nicht mehr los. Sie weiß nun: Da ist ein Gott, und der hat mit mir zu tun. Sie fängt an, Evangelische Religion zu studieren. Gott ist ihr wichtig, mit Jesus weiß sie nicht viel anzufangen. Eine Gemeinde hat sie bisher kaum je von innen gesehen. Aber sie bereitet sich auf die Bibelkundeprüfung vor. Sie liest das Neue Testament von vorne bis hinten. Danach, sagt sie, war mir alles klar: Wer Jesus ist und was er mit ihrem Leben zu tun hat, sein Tod am Kreuz, sein Sieg am Ostermorgen. Noch immer keine wesentliche Berührung mit der Kirche. Aber jetzt sucht sie Kontakt, eine Gemeinde sucht sie, in der sie mit der Musik und den Liedern etwas anfangen kann. Denn diese Menschen suchen eine Gemeinde in ihrer Region und sind nicht automatisch dort, wohin sie ihr Wohnsitz weist. Anfang nächsten Jahres werde ich sie taufen. Gott hat einen Anfang gemacht, wo alles erstorben schien.

Der *Lehrtext* für den heutigen Tag macht Mut, nicht zu resignieren, auch wenn die Verhältnisse schwierig sind, gemeinsam aufzubrechen und missionarisch Kirche zu sein in der Region und um der Mission Gottes willen Neues zu wagen, auch neue Formen des gemeindlichen Lebens und der Zusammenarbeit. Im 1. Samuelbuch heißt es nämlich (10,7): „*Tu, was dir vor die Hände kommt; denn Gott ist mit dir.*"

Literatur

Martin *Alex*/Juliane *Kleemann*/David *Lissig*, Evaluationsbericht. Evaluation der Reform des Kirchenkreises Wittstock-Ruppin, Dortmund 2012.

Martin *Alex*/Thomas *Schlegel*, Leuchtfeuer oder Lichternetz – Missionarische Impulse für ländliche Räume. Neukirchen-Vluyn 2012 (BEG-Praxis).

Thomas *Begrich*/Thies *Gundlach*/Thorsten *Latzel*, Einführung in den Dokumentationsband. In: Kirchenamt der EKD (Hg.): Kirche im Aufbruch. Schlüsseltexte zum Reformprozess, Leipzig 2012, 210–214.

Berlin-Institut für Bevölkerung und Entwicklung (Hg.): Demografischer Wandel. Ein Politikvorschlag unter besonderer Berücksichtigung der Neuen Länder, Berlin 2009.

Stefan *Bölts*, Über den eigenen Kirchturm hinaus. Die Zukunft liegt jenseits der Parochie, in: Stefan *Bölts*/ Wolfgang *Nethöfel* (Hg.), Aufbruch in die Region. Kirchenreform zwischen Zwangsfusion und profilierter Nachbarschaft, Hamburg 2008, 15–30 (Netzwerk Kirche Bd. 3).

Jim *Collins*, Der Weg zu den Besten. Die sieben Management-Prinzipien für dauerhaften Unternehmenserfolg, München 2003.

Leslie J *Francis*/Mandy *Robbins*/Peter *Kaldor*/Keith *Castle*, Happy but exhausted? Work-related psychological health among clergy, in: Pastoral Sciences 24 (2005), 101–120.

Thies *Gundlach*, Kirche in der Fläche. Beobachtungen und Thesen, in: Kirchenamt der EKD (Hg.): Kirche im Aufbruch. Schlüsseltexte zum Reformprozess, Leipzig 2012, 348–353.

Eberhard *Hauschildt*, Organisation der Freiheit – „evangelisch Kirche sein" verändert sich, in: Kirchenamt der EKD (Hg.): Kirche im Aufbruch. Schlüsseltexte zum Reformprozess, Leipzig 2012, 215–232.

Bob *Hopkins*/Mike *Breen*, Clusters. Creative Mid-sized Missional Communities, Sheffield 2007.

Isolde *Karle*, Kirche im Reformstress, Gütersloh 2010.

Gerald *Kretzschmar*, Mitgliederorientierung und Kirchenreform. Die Empirie der Kirchenbindung als Orientierungsgröße für kirchliche Strukturreform, in: PTh 101 (2012), 152–168.

Michael *Moynagh*, Church for every context. An introduction to theology and practice, London 2012.

Martin von *Nathusius*, Der Ausbau der Praktischen Theologie zur systematischen Wissenschaft. Ein Beitrag zur Reform des theologischen Studiums, Leipzig 1899.

Hans-Georg *Pöhlmann*, Unser Glaube. Die Bekenntnisschriften der evangelisch-lutherischen Kirche, Gütersloh 1986.

Elke *Schölper*, Regionalisierung – Märchenprinz oder Kröte, in: Stefan *Bölts*/Wolfgang *Nethöfel* (Hg.): Aufbruch in die Region. Kirchenreform zwischen Zwangsfusion und profilierter Nachbarschaft, Hamburg 2008, 228–238 (Netzwerk Kirche Bd. 3).

Zentrum für Mission in der Region (Hg.): Quo vadis, Region. Dokumentation des Fachgesprächs am 16. Mai 2011 in Erfurt, Dortmund 2011.

—: *Region als mehrdimensionaler Gestaltungsraum*, Dortmund 2012

Paul *Zulehner*, Pastoraltheologie – Fundamentalpastoral: Kirche zwischen Auftrag und Erwartung, Düsseldorf 1989.

—: Kirche umbauen, nicht totsparen. Strukturwandel als Chance und Aufgabe, in: Wolfgang *Nethöfel* / Klaus-Dieter *Grunwald* (Hg.), Kirchenreform strategisch, Glashütten 2007, 531–538.

Markus Dröge

Stadt, Land, alles im Fluss

Volkskirche in der Region

1. Alles im Fluss

„Freiraum", so heißt das Thema Ihrer Tagung. Ein kleiner Junge steht auf einer Mauer aus Holzpfählen, vom Wasser des Meeres umspült, und schaut in die Weite. Ein wunderschönes Bild, das den Prospekt für die Tagung schmückt. Es hat mich sehr angesprochen, denn ich stehe selbst gerne am Ufer des Meers und lasse meine Gedanken schweifen, bis zum Horizont. Und das Schönste: Ich weiß, auch hinter dem Horizont geht es weiter ...

Sie haben mich eingeladen, etwas Theologisches zum Thema „Region" zu sagen, Gedanken, die mir wichtig sind, angesichts der Erfahrungen, die ich als Bischof in der EKBO mache, der spannenden Landeskirche mit dem längsten Namen, den eine EKD-Kirche zu bieten hat: „Evangelische Kirche Berlin-Brandenburg-schlesische Oberlausitz".

Schon dieser Name sagt etwas über die aufregenden Jahre, die meine Kirche seit dem Fall der Mauer erlebt hat: Zuerst, gleich nach dem Mauerfall, mussten der östliche und westliche Teil der alten Berlin-Brandenburgischen Kirche wieder zusammenfinden. Es war wie eine Familienzusammenführung, nachdem die Familienhälften fast 30 Jahre getrennt gelebt und sich auch getrennt entwickelt hatten. Und dann kam die kleine schlesische Kirche dazu, die in der DDR-Zeit ihre Herkunft verleugnen und sich nur „Kirche des Görlitzer Kirchengebietes" nennen durfte. 15 Jahre konnte sie nach dem Mauerfall noch als „Evangelische Kirche der schlesischen Oberlausitz" selbständig sein, bevor sie 2004 den dritten Namensteil zu unserer EKBO hinzufügte.

Nun haben wir die Kirche mit der größten Stadt Deutschlands, (der nervösen Metropole Berlin), mit der religiös gemäßigten Zone des Landes Brandenburg, (in der manche Regionen nach EU-Maßstab „entvölkert" sind), und der schlesischen Oberlausitz, die die große Tradition der schlesischen Kirche bewahrt, einst mit dem Zentrum Breslau, der damals drittgrößten Stadt des Deutschen Reiches, in der zum Beispiel Dietrich Bonhoeffer und Friedrich Schleiermacher geboren wurden. Immense Vereinigungsprozesse hat die EKBO durchgemacht. Jede Einrichtung, vom Amt für kirchliche Dienste über das Konsistorium bis hin zum Pastoralkolleg und den kirchlichen Ausbildungsstätten, mussten neu erfunden werden, denn es gab ja alles zweifach, zum Teil dreifach. Noch heute prägen die unterschiedlichen Biographien – Ost und West – die Mentalitäten in unserer Kirche. Enormes wurde geschafft, mit bescheidenen Mitteln. Denn wir leben in der EKBO, wie wir sagen, „in bescheidenen, aber geregelten Verhältnissen".

Trotz dieser nun über 20 Jahre währenden bewegten Veränderungsgeschichte kann die Kirche nicht zur Ruhe kommen. Vieles ist weiter in Fluss.

„Stadt, Land, alles im Fluss" – so habe ich deswegen meinen Vortrag genannt. So erlebe ich die Situation der Kirche, meiner Kirche, heute.

Die EKBO – die Kirche zwischen Alexanderplatz und dem „Wolfserwartungsgebiet" (so der offizielle Begriff für einzelne Regionen in der Uckermark, in denen aus Naturschutzgründen zurzeit wieder Wölfe angesiedelt werden und Bauern die Kosten für die gerissenen Schafe erstattet bekommen), diese EKBO muss immer noch viele Prozesse gleichzeitig durchleben und koordinieren: Fusionen von Sprengeln, Kirchenkreisen und Gemeinden, Einführung eines neuen Finanzwesens, Neustrukturierung der Kirchlichen Verwaltungsämter und des Rechnungsprüfungswesens, Erarbeitung von Leitbildern für die kirchlichen Berufe und vieles mehr. Damit wir nicht nur Strukturen verändern, sondern die Kirche auch von ihrem geistlichen Wesen und Auftrag her reformieren, gibt es einen Reformprozess, „Salz der Erde", mit zwölf Projekten und einem Reformbüro. Soeben haben wir auf der Landessynode ein Diskussionspapier verabschiedet, „Orientierungspunkte für den Reformprozess", das nun in einen Konsultationsprozess in der gesamten Kirche diskutiert und erst dann, auf der Frühjahrssynode 2014, als Grundlagenpapier verabschiedet werden soll.[1]

Stadt, Land und alles im Fluss ...
In all dem ist das „Thema Region" für uns von besonderer Bedeutung. Wie kann Gemeindeleben in „entvölkerten" Landesteilen gestaltet werden? Wie kann eine Pfarrerin oder ein Pfarrer in 10 bis 20 Gemeinden sinnvoll und mit Freude arbeiten? Zur Information: Wir haben 180 Kirchengemeinden mit weniger als 50 Gemeindemitgliedern und 650 Kirchengemeinden (das ist fast die Hälfte aller Gemeinden) mit bis zu 300 Gemeindemitgliedern. Durchschnittlich ist bei uns eine Pfarrstelle für ca. 1.600 Gemeindemitglieder

---

1 Die „Orientierungspunkte für den Reformprozess" liegen derzeit lediglich als Drucksache 03 „Vorlage der Kirchenleitung betreffend Orientierungspunkte für den Reformprozess" der Landessynode der EKBO, 14.–17. November 2012 vor, Erläuterungen dazu gibt es in Abschnitt 5 der Drucksache 02 „Wort des Bischofs". – Nach Einarbeitung der synodalen Veränderungen und redaktioneller Überarbeitung werden die Orientierungspunkte veröffentlicht.

zuständig, wobei unser Verteilungssystem Boni kennt, die dazu führen, dass in den strukturschwachen Gebieten diese Zahl wesentlich geringer ist (ca. 850 bis 1.000) in den Städten dann entsprechend höher. Wir haben 1.600 Dorfkirchen, so dass Pfarrerinnen und Pfarrer, die für zehn Dörfer zuständig sind, oft auch für zehn Dorfkirchen zu sorgen haben. Seit der friedlichen Revolution haben wir 800 Dorfkirchen renoviert. Oft sind sie in den Dörfern der letzte Identifikationspunkt, und viele helfen mit, wenn es um die Renovierung geht, auch wenn eventuell nur 10 % der Bevölkerung oder weniger zur Kirchengemeinde gehören. Der atheistische Bürgermeister von den LINKEN spricht dann bei der Wiedereinweihung ein freudiges und dankbares Grußwort für „seine" Kirche.

Die Region, und das ist nun meine These, *ist die Möglichkeit, Strukturen für die Zukunft zu etablieren, die es erlauben, unser Kirche-Sein auch dann zu bewahren, wenn die Zahlen noch kleiner werden. Wir können dann „Volkskirche" bleiben im Sinne von Barmen VI, also eine Kirche, die die Botschaft weiterhin „an alles Volk" ausrichtet, eine offene und öffentliche Kirche mit gesellschaftlicher Relevanz.*[2]

---

2 In den „Orientierungspunkten für den Reformprozess" wird bewusst der Begriff „Volkskirche" beibehalten: „*Wir leben in einer kirchengeschichtlichen Phase, in der sich die traditionelle Form der ‚Volkskirche' verändert. Die zentrale Frage ist: Werden wir auch morgen ‚Volkskirche' sein? In Würdigung des historischen Erbes und der großen Chancen dieser Form, Kirche zu sein, lautet die grundlegende Entscheidung: Ja – aber in sich wandelnder Form und in einer besonderen Ausprägung. Wir werden auch in Zukunft ...*

 – *im Sinne der Barmer Theologischen Erklärung die Botschaft von der freien Gnade Gottes ausrichten an alles Volk,*

 – *eine Kirche sein, die ‚nicht vom Staat beaufsichtigt oder bevormundet wird' (Friedrich Schleiermacher),*

 – *eine Kirche sein, die die Menschen als selbstständige Subjekte anspricht und tätig werden lässt,*

Um mit dem Bild des Tagungsprospektes zu sprechen: Wir sehen, wenn wir wie der kleine Junge auf den Holzpfählen stehen und zum Horizont schauen, vernetzte Regionen am Horizont, die es uns ermöglichen, in der Fläche präsent zu bleiben, wenn auch exemplarisch.

Was aber ist eine Region? Auch hier ist noch alles im Fluss. Was in der EKBO früher von der Fläche her ein Kirchenkreis war, kann nun eine „Region" innerhalb eines Kirchenkreises sein. Was früher eine Gemeinde war, kann bald eine „Ortskirche" innerhalb einer „Gesamtkirchengemeinde" werden – so unser ganz frisches Kirchengesetz, vorgestern auf der Landessynode beschlossen.[3] Was früher ein Sprengel mit einem Generalsuperintendenten war, kann heute vielleicht ein Kirchenkreis in einem der drei neuen großen Sprengel Berlin, Potsdam, Görlitz sein. Wir sind dabei zu entdecken, was eine „Region" ist und was sie leisten kann und soll.

Das neue Heft „Region als mehrdimensionaler Gestaltungsraum"[4] gibt dafür wertvolle Hinweise:

    – eine Kirche sein, die ihre gesellschaftliche Verantwortung wahrnimmt
       und sich nicht in eine kirchliche Sonderwelt zurückzieht,
    – eine Kirche sein, die ‚eine Art Grenzverkehr mit anderen gesellschaftli-
       chen Lebensbereichen im Blick' hat und keine ‚kirchliche Sonderwelt'
       (Kristian Fechtner) etablieren will.
    Wir werden flexible Finanzierungsformen weiterentwickeln, aber die Kir-
    chensteuer als grundlegende Finanzierungsform beibehalten.
       Wir bleiben Volkskirche als eine offene und öffentliche, erkennbare Kirche
    mit einer missionarischen Ausstrahlung, auch wenn wir weit von einer pro-
    zentualen Mehrheit in der Bevölkerung entfernt sind und uns nicht mehr
    auf eine ungebrochene Traditionsweitergabe stützen können …."

3   Vgl. Drucksache 11 sowie Beschluss 11.1 der Landessynode der EKBO vom
    14.–17. November 2012.
4   Region als mehrdimensionaler Gestaltungsraum, herausgegeben vom
    EKD-Zentrum für Mission in der Region, Dortmund 2012.

47

- Die Region ist eine Zwischengröße, sie lebt von der Stärke der Strukturen, *in die sie* eingebunden ist, ebenso von der Stärke der Einheiten, *die in sie* integriert sind, also etwa von starken Gemeinden, *die in sie* integriert sind, und einem leistungsfähigen Kirchenkreis, *in den sie* eingebunden ist.
- Sie kann nicht nur von der Größe her definiert werden – viele Dimensionen gehören dazu: Bildet sie eine regionale Identität ab, ist sie groß genug, um sinnvolle Arbeitsteilungen vornehmen zu können, aber klein genug, dass man noch lebbare Netzwerkstrukturen im Sinne eines Beziehungsnetzes knüpfen kann? Schafft sie innovative Freiräume? Aber lässt sie auch gemeinsame Zielfindungsprozesse zu? Schenkt sie einen Schutzraum für neue Projekte, einen Schutzraum, der aber nicht dem Rückzug dient, sondern dem Entwickeln von neuen Konzepten mit missionarischer Kraft?

Ich möchte unter „Region" zunächst einmal – sehr weit gefasst – Folgendes verstehen:

Eine „Region" ist nicht nur eine Zwischengröße zwischen Gemeinde und Kirchenkreis, „Region" kann jede Einheit sein, die sowohl kleinere Einheiten in sich integriert als auch in eine größere Struktur eingebunden ist und die der „Regionalentwicklung" im Sinne des genannten Heftes[5] dient, die also in dem Bereich, für den sie zuständig ist, dazu beiträgt, dass die Kirche zu einer „ausstrahlungsstarken und darin missionarischen Größe"[6] wird.

D. h., ich will den Begriff von seinem Wesen und Ziel her verstehen. Die Strukturen können dann verschieden sein:

---

5 Region als mehrdimensionaler Gestaltungsraum, 20.
6 Ebd.

- Einige Gemeinden, die sich für einzelne besondere Aufgaben zusammenschließen ohne zu fusionieren, können „Region" sein.
- Einige Gemeinden, die sich zur Gesamtkirchengemeinde mit Ortskirchen zusammenschließen, können „Region" sein.
- Ein Kirchenkreis, der sich bewusst ist, dass er mittelfristig mit einem oder zwei anderen Kirchenkreisen fusionieren muss, kann „Region" sein,

In diese komplexe und auch offene Situation hinein, in der in Stadt und Land alles fließt und sogar der Begriff „Region" selbst noch sehr offen ist, möchte ich nun zwei Impulse setzen:

1. einen theologischen Impuls für die Region als geistliches Netzwerk,
2. einen theologischen Impuls für die Struktur der Region.

2. Die Region als geistliches Netzwerk

Eine Region wird geistlich nur leben, wenn sie ihr Beziehungsnetzwerk nicht rein verwaltungstechnisch versteht, sondern geistlich. Denn die Vision einer verwaltungsorientierten Region ist für viele sehr abschreckend:

Werde ich als Pfarrerin oder Pfarrer, als haupt- oder ehrenamtliche Mitarbeiterin oder Mitarbeiter in einer Region nun noch mehr Sitzungen zu absolvieren haben? Wird es neben dem Gemeindekirchenrat oder Presbyterium und der Kreissynode nun auch noch irgendwie geartete Regionalausschüsse und Regionalsynoden geben?

Wollen wir das neue, regionale Netzwerk nicht als Zusatzbelastung, sondern als Bereicherung erleben, ist es gut, es geistlich zu verstehen.

Hans-Wilhelm Pietz, ehemaliger Regionalbischof des Sprengels Görlitz, hat auf die Frage „Wie groß muss eine Gemeinde sein?" in Anlehnung an Martin Luthers Schrift „Von Konziliis und Kirchen" eine theologische Antwort gegeben, in der er nicht nach Zahlen gefragt hat, sondern danach, was denn geistlich zwischen Menschen geschehen muss, damit eine Gruppe von Menschen „Gemeinde Jesu Christi" sein kann.[7] Die Frage nach der äußeren Größe einer Gemeinde (oder eben auch einer „Region"), also die Strukturfrage, muss davon unterschieden werden. Erst in einem zweiten Schritt kann gefragt werden, wie die Strukturen eingerichtet werden müssen, damit das Geistliche „passieren" kann. Die Struktureinheiten können dann, je nachdem wie die äußeren Eckdaten und Bedingungen aussehen, von den Gemeindegliederzahlen her gesehen, recht unterschiedlich gestaltet sein.

In Weiterführung des Ansatzes von Hans-Wilhelm Pietz ist meine Frage also: Welche Größe braucht ein geistliches Gemeindeleben?

Pietz' Ansatz lässt sich in acht Thesen zusammenfassen:

1. Die Predigt des Wortes braucht eine Gemeindegröße, die es ermöglicht, dass Menschen „in der lebendigen Erwartung des mündlich gepredigten Wortes [...] in unerwarteten und zugleich verlässlichen Begegnungen über sich selbst hinauskommen".

2. Es müssen Menschen zur Taufe geführt werden können.

3. Im Abendmahl müssen Generationen- und Geschlechtergemeinschaft erlebt werden können, Einheimische und

---

7   Die Ausarbeitung von Hans-Wilhelm *Pietz* ist unveröffentlicht. Sie wurde im Generalsuperintendentenkonvent der EKBO am 25. Juni 2010 als Arbeitspapier eingebracht.

Fremde, Starke und Schwache müssen beieinander sein, um „Einheit in Verschiedenheit" erlebbar zu machen.

4. Buße und Beichte müssen in Freiheit möglich sein. Weder Gruppenzwang noch Beliebigkeit darf herrschen.

5. Menschen müssen zur Übernahme von Verantwortung in geistlichen Ämtern gerufen werden können.

6. Öffentlicher Gottesdienst muss eine gewisse Qualität haben: Musik, Kunst, Bildungsarbeit muss als Resonanzboden vorhanden sein.

7. Das Wort vom Kreuz muss als Kraft im Leiden erfahrbar werden können. Man muss sich gegenseitig beistehen können, einander zum Christus werden können, in unterschiedlichen Schicksalen. Es muss dabei auch um das spezifische Leiden um Christi willen gehen, d. h. das Leiden, das entsteht, weil man dem Ruf Christi gefolgt ist.

8. Ethische Bewährung des Glaubens im Alltag der Welt muss erfahrbar sein: Gemeindeglieder in unterschiedlichen Verantwortungsverhältnissen sollen sich als Glieder der Gemeinde zu erkennen geben.

Nehmen wir diese Kriterien ernst, dann wird sehr schnell deutlich, dass eine Gemeinde von 30 Mitgliedern in einem brandenburgischen Dorf schwerlich die Fülle des geistlichen Lebens gestalten kann, die das Kirchesein bereichert.

Eine „Region", in der mehrere kleine Gemeinden ihr Leben gemeinsam gestalten, kann aber eine sinnvolle Größe sein, ...

1. um nicht immer nur dieselben Menschen zu treffen, von denen man sowieso fast alles weiß. Es wird möglich, in verlässlichen Beziehungen, dennoch etwas Neues, Unerwartetes in der persönlichen Begegnung zu erleben und so über sich selbst hinauszukommen;

2. um Taufgottesdienste zu erleben, auch wenn in der eigenen kleinen Gemeinde der Nachwuchs fehlt und der missionarische Erfolg unter Erwachsenen ausbleibt;

3. um im Abendmahl nicht nur Familienmitglieder, Freunde und Bekannte zu treffen, sondern auch Menschen, die mir fremd sind;

4. um Seelsorge bieten und in Anspruch nehmen zu können, ohne am nächsten Tag den Gesprächspartner gleich wiederzutreffen;

5. um ein Ehrenamt zu übernehmen, auch wenn es in der eigenen Kleinstgemeinde nicht möglich ist, weil die Ämter seit Generationen an bestimmte Familien vergeben sind;

6. um auch einmal einen musikalisch ansprechenden Gottesdienst zu erleben, bei einem regionalen Ereignis, auch wenn es in der eigenen Kleingemeinde keine ausgebildete Kirchenmusikerin gibt;

7. um menschliche Schicksale zu erleben, z. B. in einem Krankenhaus oder Gefängnis, in einem diakonischen Projekt oder durch ein ökumenisches Partnerschaftsprojekt, auch wenn in meinem Dorf die Welt in Ordnung ist;

8. um auch einmal einen Rechtsanwalt oder eine Architektin, einen Finanzbeamten oder eine Politikerin kennenzulernen, die sich als Christin oder Christ in die Probleme unserer Gesellschaft verstricken müssen, auch wenn in meinem Dorf oder Stadtteil solche Menschen nicht leben.

Eine „Region" muss „theologisch relevant" sein, heißt es in dem Heft „Region als mehrdimensionaler Gestaltungsraum".[8] Die acht Punkte können helfen, diese theologische Relevanz zu erkennen. Ziel ist es, eine „Region" als geistliches Netzwerk gestalten zu können, in der möglichst viel von dem stattfinden kann, was im geistlichen Sinne Gemeindeleben ist.[9]

---

8 Region als mehrdimensionaler Gestaltungsraum, 21.

9 Wie sind die genannten Kriterien ekklesiologisch zu verstehen? Ekklesiologisch ist zwischen den Eigenschaften der Kirche (*notae ecclesiae*: einig, heilig, katholisch und apostolisch) und den sichtbaren Zeichen (*notae*

3. Impuls für eine Theologie regionaler Strukturen

In unseren Diskussionen in der EKBO, die im Vorfeld der Synodalentscheidung für ein Gesamtkirchengemeindegesetz geführt wurden, gab es zwar nicht viele, aber entschiedene und lautstarke Positionen, die theologisch festlegen woll-

---

externae: Wort und Sakrament) zu unterscheiden. Jürgen Moltmann hat in seiner Ekklesiologie zusätzlich den Begriff der „Bekenntniszeichen" eingeführt. Sie sind gleichsam die missionarische Ausstrahlung der *notae ecclesiae* und der *notae externae*. Sie lassen sich nicht ein für alle Mal bestimmen, sondern müssen jeweils neu situationsbezogen gestaltet werden. Moltmann hat seinerzeit aus der *Einheit* der Kirche die *Freiheit* als Bekenntniszeichen abgeleitet, aus der *Heiligkeit* die *Armut*, aus der *Katholizität* die *Parteinahme* und aus der *Apostolizität* das *Leiden*. (Vgl. dazu: Markus Dröge, Kirche in der Vielfalt des Geistes. Die christologische und pneumatologische Begründung der Kirche bei Jürgen Moltmann, Neukirchen-Vluyn, 2000, 218–232.) – Die genannten Kriterien von Hans-Wilhelm Pietz verstehe ich im Sinne dieser „Bekenntniszeichen". Das heißt: Überall, wo Wort und Sakrament geschehen, ist Kirche. Aber nicht überall ist missionarisch-ausstrahlungsstarke Kirche. Je mehr Bekenntniszeichen gestaltet werden können, desto mehr kann vom inneren Wesen der Kirche nach außen getragen werden. „Bekenntniszeichen" im Sinne von Pietz wären dann 1. eine Gemeinschaft, die erkennbar vom Wort Gottes bewegt in kreativer Weise aktiv wird. 2. Taufen, die nicht nur prinzipiell möglich, sondern tatsächlich vollzogen werden. 3. Abendmahlsfeiern, in denen tatsächlich versöhnende und versöhnliche Gemeinschaft geschieht. 4. Seelsorge, die stattfindet, weil Menschen die Hemmschwelle zum Nächsten überwinden. 5. ein Ehrenamt, das bezeugt, dass ein Mensch von Wort und Sakrament motiviert in der Welt tätig wird. 6. kulturelles Leben, das die Inkarnation des Glaubens in die gelebte Kultur bezogen. 7. Leiden um Christi willen. 8. ethisches Leben im Alltag der Welt. – Meine These lautet: Wir haben nicht nur die Verpflichtung, Kirche zu gestalten, in der Wort und Sakrament stattfinden, sondern auch kirchliche Strukturen so zu gestalten, dass möglichst viele Bekenntniszeichen gelebt werden können.

53

ten, dass nur eine Ortsgemeinde alter Prägung Gemeinde im theologischen Sinne sei. Diese Anfragen haben dazu geholfen, die Strukturfragen auch theologisch zu durchdenken.

Meine These ist: Regionale Modelle entsprechen deshalb dem Wesen unserer Evangelischen Landeskirchen, weil wir presbyterial-synodal geprägte Kirche sind, in der jede kirchliche Strukturebene „Kirche" im geistlichen Sinne ist.

Dazu einige Erinnerungen:

„Presbyterial" bedeutet: Die Gemeinde wird von Ältesten (griechisch: *presbyteroi*) geleitet. Diese Form der Leitung ist Ausdruck des Priestertums aller. Dadurch ist gewährleistet, dass das Gemeindeleben sich ausrichtet an der Lebenswirklichkeit der Gemeinde, dass Entscheidungen ortsnah gefällt werden und die unmittelbare Verantwortlichkeit personal sichtbar ist. Der Begriff „synodal" macht gleichzeitig deutlich, dass die Gemeinde immer in eine größere Verantwortungs- und Entscheidungsgemeinschaft eingebunden ist, in eine geistliche Solidargemeinschaft. Geist und Wesen dieses Kirchenverständnisses werden deutlich, wenn wir die historischen Ursprünge betrachten[10]:

Das presbyterial-synodale Kirchenverständnis geht zurück auf die Zeit der hugenottischen Untergrundkirche im Frankreich des 16. Jahrhunderts. Damals musste eine Ordnung ohne Beteiligung der weltlichen Herrschaft entworfen werden, da bekanntlich die französische Krone die Reformation nach Kräften zu unterdrücken bemüht war. Überzeugt vom Priestertum aller Gläubigen entstand die von der Basis

---

10 Ich beziehe mich im Folgenden, zum Teil wörtlich, auf: Hellmut *Zschoch*, Die presbyterial-synodale Ordnung – Prinzip und Wandel, in: Hellmut *Zschoch* (Hg.), Kirche – dem Evangelium Strukturen geben, Neukirchen-Vluyn 2009, 220–238.

her aufgebaute Struktur der Kirchenleitung: das Konsistorium (*„consistoire"*, heute: Presbyterium oder Gemeindekirchenrat) auf Gemeindeebene – die Provinzialsynode (heute: Kirchenkreis) für die Region – die Generalsynode (heute: Landessynode) für die Gesamtkirche.

In Deutschland wurde die presbyterial-synodale Ordnung im 16. und 17. Jahrhundert von niederländischen Flüchtlingsgemeinden am Niederrhein praktiziert. 1568 trafen sich Vertreter dieser Gemeinden in Wesel (der sogenannte *Weseler Konvent*) und formulierten Grundpfeiler einer gemeinsamen presbyterial-synodalen Ordnung. Dabei fällt auf, wie deutlich diese Gemeinden die kirchliche Verantwortungsgemeinschaft betonen: Das Wahlrecht bei der Pfarrwahl wird bei der Klassensynode (Kreissynode) angesiedelt, mindestens aber der Beratung mehrerer Gemeinden übertragen. Von Bestrebungen, die die völlige Gemeindeautonomie postulierten, distanzierte sich der Weseler Konvent ausdrücklich.

1571 nimmt die *Emder Synode* die Grundgedanken auf. Auch in der Emder Ordnung nimmt der Kirchenkreis in dem vierstufigen Aufbau (Ortsgemeinde – Klassis/Kirchenkreis – Provinz – Nation) eine zentrale Stellung ein. Die Aufsicht über die Ortsgemeinden liegt bei den Kirchenkreiskonventen. Die Prediger werden zwar von den Gemeindekonsistorien (heute: GKR) gewählt, doch nur „mit Urteil und Zustimmung der Klassis oder zweier oder dreier benachbarter Pastoren". Innerhalb dieser ursprünglichen und makellosen presbyterial-synodalen Ordnung wird also die regionale Solidargemeinschaft sehr stark betont.

Die Einbindung der Ortsgemeinde in die regionale Gemeinschaft kommt auch in einer anderen Bestimmung der Emder Ordnung zum Ausdruck:

> *„Ist die Armut einer Gemeinde so groß, daß sie den berufenen*
> *Prediger nicht ernähren kann, so soll die Klassis erwägen, ob*
> *nicht mehrere benachbarte Gemeinden miteinander verbun-*
> *den werden können."*

Die Regelungen der Emder Ordnung haben dann über die niederländischen Gemeinden hinaus in deutschen Gemeinden besonders am Niederrhein gewirkt.

Dieses presbyterial-synodale System hat sich durch die Erkenntnisse des Kirchenkampfes, wie sie in der Barmer Theologischen Erklärung festgehalten wurden, in den Evangelischen Kirchen durchgesetzt und prägt heute die Verfassungen der Landeskirchen der EKD.

Für die Theologie der Region bringt dieser historische Rückblick zwei wesentliche Erkenntnisse. Erstens: Die presbyterial-synodale Verfasstheit unserer Kirche zeigt sich heute in einer umfassenden Solidargemeinschaft, die weit über die Einzelgemeinde hinausgeht. Und zweitens: Diese Solidargemeinschaft ist auf ebenenübergreifende Entscheidungsstrukturen angewiesen.

Zum *ersten* Punkt: Wir leben in allen Landeskirchen der EKD in einer umfassenden Solidargemeinschaft. Jede einzelne Gemeinde profitiert vielfältig davon: So garantiert die große Gemeinschaft die Möglichkeit, bis in die Einzelgemeinde eine öffentlich-rechtliche Gestalt der Kirche zu verwirklichen. Der Öffentlichkeitsauftrag der Kirche kann wirkungsvoll gegenüber der Politik und der Zivilgesellschaft gelebt werden. Jede Einzelgemeinde profitiert von den Ausbildungsmöglichkeiten für die kirchlichen Berufe. Nicht zuletzt leben wir davon, dass es einen bewährten Finanzausgleich gibt, der ärmeren Kirchen und Gemeinden die Existenz überhaupt ermöglicht.

Zweitens: Dieses Solidarsystem kann aber nur bewahrt werden, wenn auch die Entscheidungsstrukturen presbyterial-synodal gestaltet sind. Ein Beharren auf autonomen Gemeindeentscheidungen, auch dort, wo Gemeinden gar nicht allein in der Lage sind, ihre Mitarbeiter aus den eigenen Ressourcen zu versorgen, widerspricht dem Geist der Solidargemeinschaft.

Mir ist in den Diskussionen der letzten Zeit vereinzelt eine Auffassung begegnet, die eher „kongregationalistisch" geprägt ist: In einem kongregationalistischen Kirchenverständnis ist die Gemeinde wesentlich autonomer, muss dann aber auch von ihren eigenen Ressourcen leben können. So ist es zum Beispiel bei unseren Partnerkirchen in den USA. Wenn dort eine Gemeinde nicht mehr in der Lage ist, sich finanziell alleine zu tragen, gibt es ein zeitlich knapp bemessenes Unterstützungsprogramm der Gesamtkirche. Wenn dann nicht nach kurzer Zeit die Gemeinde wächst und finanziell stärker wird, wird sie aufgelöst. Man kann nicht beides haben: von der Solidarität eines presbyterial-synodalen Systems profitieren und dennoch in den Entscheidungen autonom sein wollen.

Wenn wir neue regionale Kooperationsformen erproben, dann geschieht dies ganz im Geiste unserer presbyterial-synodalen Verfasstheit, auch und gerade dann, wenn wir den Pfarrdienst überregional organisieren. Ja, wir müssen dort, wo die Gemeinden nicht mehr in der Lage sind, aus eigenen Ressourcen das gemeindliche Leben zu gestalten und handlungsfähige Leitungsstrukturen aufrechtzuhalten, neue Rechtsformen anbieten, die das Gemeindeleben vor Ort auch dann noch möglich machen. Dazu aber muss die übergemeindliche Gemeinschaft, z. B. einer Region oder eines Kirchenkreises, stärker als bisher betont werden und die entsprechenden übergemeindlichen Gremien, wie etwa die Kreissynoden, müssen als geistliche Entscheidungsebenen ernst genommen werden.

Die Gemeinden werden dauerhaft nur stark sein können, wenn die regionale Gemeinschaft stark ist. Es geht darum, ein vielfältiges gemeindliches Leben dauerhaft zu sichern, damit das kirchliche Leben auch bei sinkenden Gemeindegliederzahlen und zurückgehenden Ressourcen in der Fläche präsent bleiben kann.

Diese Entwicklungen voranzutreiben ist deshalb dringend, weil es zunehmend schwerfällt, Pfarrstellen zu besetzen, wenn mögliche Bewerberinnen und Bewerber nicht erkennen können, dass sie in ihrem Dienst durch regionale Strukturen unterstützt werden. Insofern drängt die Zeit. Die nachwachsende Generation von Pfarrerinnen und Pfarrern erwartet ganz selbstverständlich und auch zu Recht die Bereitschaft, neue regionale und kreiskirchliche Strukturen zu etablieren, um den Dienst im Pfarramt sinnvoll gestalten zu können und nicht in ungeklärten Strukturen zwischen verschiedenen Gemeinden und ihren Partikularinteressen zerrieben zu werden.

Aus dem bisher Gesagten ergibt sich folgerichtig, dass nicht nur die Parochialgemeinde traditioneller Prägung, sondern alle Ebenen unserer Kirche im geistlichen Sinne „Kirche" sind. Ich mache dies am Kirchenkreis deutlich, dessen Funktion in Regionalisierungsprozessen eine wachsende Bedeutung hat:

Wir verstehen im biblischen Sinn die Kirche als den Leib Christi. Ein Leib – viele Glieder. Der Kirchenkreis ist die Gemeinschaft der Gemeinden und Regionen und fügt sie als Glieder zusammen:

> „Der Kirchenkreis ist die Gemeinschaft der zu ihm gehörenden Kirchengemeinde, kirchlichen Werke und Einrichtungen. Auch in ihm gewinnen Zeugnis und Dienst der Gemeinde Jesu Christi Gestalt" (Grundordnung der EKBO, Art. 39, Absatz 2).

Es ist eine geistliche Aufgabe, die Gemeinden und Regionen bei der Erfüllung ihrer Aufgaben zu stärken und zu ermutigen (GO Art. 39, 3), „Bindeglied zwischen Landeskirche und Kirchengemeinden" zu sein, für Informationsaustausch zu sorgen (GO Art. 39, 4), die Zusammenarbeit zu fördern und für einen Ausgleich der Kräfte und Lasten zu sorgen (GO Art. 39, 5). Jede einzelne Gemeinde bekommt über die Gemeinschaft im Kirchenkreis Anteil an den weltweiten ökumenischen Beziehungen, die wir als Gesamtkirche pflegen und somit an der Einheit und Katholizität (Allgemeinheit), die zu den Wesenseigenschaften der Kirche zählen.

Ausdruck des Kircheseins der Kirchenkreise ist die Kreissynode. Sie ist nicht nur das Leitungsgremium einer Verwaltungseinheit, sondern immer auch eine gottesdienstliche Gemeinschaft. Die Feier der Andacht mit Wortverkündigung, besser noch die gemeinsame Feier des Gottesdienstes mit Wort und Sakrament gehören wesentlich zu einer Synode dazu.

Der Kirchenkreis ist also die geistliche Gemeinschaft der Gemeinden und Regionen. Nach der Barmer Theologischen Erklärung (These III) darf es keine kirchliche Struktur geben, die sich nicht im geistlichen Sinne als Kirche versteht. Jede Gestaltungsebene der Kirche bezeugt das Evangelium und ist in spezifischer Weise Kirche. Kongregationalistische Tendenzen, die hier und da in unserer Kirche vertreten werden und die es den Regionalisierungsprozessen schwer machen wollen, sind weder hilfreich noch entsprechen sie dem Wesen unseres Kirchenverständnisses.

Wenn wir die übergemeindlichen Einheiten als geistlichen Lebensraum entdecken, dann erschließen wir uns neue „Freiräume". Wir entdecken, dass Kirchesein nicht nur in der Einzelgemeinde passiert. Kirchesein geschieht in der Region, im Kirchenkreis, in der Landeskirche, in der weltweiten Ökumene. Wir entdecken Erfahrungsräume gelebten Glaubens, die uns verschlossen bleiben, wenn wir nicht über den eigenen Tellerrand hinaussehen.

4. Fazit

Ich komme zum Schluss und fasse zusammen. Einiges ist im Fluss. Aber es gibt dennoch Erkenntnisse, die sich abzeichnen, die den Horizont markieren, auf den wir zugehen.

Erstens: Wenn wir regional denken wollen, müssen wir die Region auch geistlich denken und gestalten. Die Region ist ein geistliches Netzwerk, das theologisch reflektiert werden will. Wir müssen die verschiedenen Ebenen der Kirche in ihrer ekklesialen Würde ernst nehmen und dürfen es nicht dulden, dass irgendeiner Ebene das Kirchesein abgesprochen wird.

Zweitens: Wir brauchen rechtliche Ordnungen, die es ermöglichen, neue Erfahrungen zu machen. In diesem Sinne hat unsere Landessynode das neue Gesamtkirchengemeindegesetz beschlossen, das bereits gemachte Erfahrungen berücksichtigt. Es wird nun in der EKBO möglich, dass Gemeinden, die bisher noch Vorbehalte gegenüber notwendigen Fusionen gehabt haben (weil sie glaubten, dann die Identität der Gemeinde vor Ort zu verlieren), sich zu einer Gesamtkirchengemeinde zusammenschließen, aber gleichzeitig vor Ort ihre Identität als Ortskirche bewahren. Die kleine Gemeinde vor Ort ist eingebettet in die Gesamtkirchengemeinde. In dieser Ortskirche können weiterhin Älteste gewählt werden. Die Ortskirche ist dann ein Wahlbezirk innerhalb der Gesamtkirchengemeinde. Alle Ältesten aus den kleinen Gemeinden bilden gemeinsam den Gesamtkirchengemeinderat. Die Ortskirchenräte haben

Kompetenzen: Sie gestalten das Gemeindeleben, verfügen über die Nutzung der Kirchengebäude und können, wenn die Satzung es vorsieht, über die ihnen zustehenden Finanzen selbständig entscheiden. Wir haben ferner beschlossen, dass die Kirchenkreisebene auch Aufgaben übernehmen kann, die bisher nur Gemeinden übernehmen konnten. Und wir haben schließlich die Kirchenmitgliedschaft auf allen Ebenen der Kirche gleichgestellt. Mit der Mitgliedschaft in einer Kirchengemeinde ist der oder die Einzelne nicht nur wie bisher gleichzeitig Mitglied der Landeskirche und der EKD, sondern nun auch Mitglied des Kirchenkreises.

Regionale Strukturen, als organisatorisches und geistliches Netzwerk, haben Zukunft. In ihnen ist geistliches Leben in Vielfalt möglich und kann so ausstrahlungsstark wie möglich gestaltet werden. So kann unsere Kirche, auch wenn sie kleiner wird, „Kirche für andere" (Dietrich Bonhoeffer) bleiben, eine offene Kirche, die ihr Zeugnis in die Gesellschaft hineinträgt.

Martin Alex / Juliane Kleemann

Freiraum für Inhalte schaffen

Kirchenkreisreform im ländlich-peripheren Brandenburg

Der Anstoß zur Veränderung kam 2004: Die Synode des Kirchenkreises Wittstock-Ruppin (Evangelische Kirche Berlin-Brandenburg-schlesische Oberlausitz, EKBO) stand vor der Aufgabe, die Stelle eines Mitarbeitenden im Verkündigungsdienst neu zu besetzen. Dabei wurde deutlich, dass eine stabile Finanzierung dieser Stelle nicht möglich sein würde. Die Synodalen nahmen dies zum Anlass, grundsätzlich über die Strukturierung des Kirchenkreises nachzudenken.

Bereits im Vorfeld sah sich der Kirchenkreis mit mehrjährigen Strukturanpassungen nach bekanntem Muster konfrontiert: Sinkende Einnahmen und Gemeindegliederzahlen werden mit weniger Pfarr-, Kirchenmusiker-, Diakonninnen- und Gemeindepädagogenstellen kompensiert. Nicht hinterfragt wird dabei die parochiale Grundstruktur. Sie wird – wegen langer Traditionen und kirchenrechtlicher Festlegung als *die* Form kirchlichen Lebens – wie sie ist belassen. Dies hat zur Folge, dass (notwendige) Veränderungen vielfach auf die Akteure vor Ort verlagert werden: Zuständigkeitsbereiche der Mitarbeitenden im Verkündigungsdienst (Pfarrerinnen, Kantoren, Gemeindepädagoginnen) vergrößern sich so weit, bis Gemeindegliederzahlen, Gebäudezahlen und Predigtstellen den finanziellen Möglichkeiten entsprechen.

Die Kreissynode des Kirchenkreises Wittstock-Ruppin wählte für die Veränderungen ab 2004 einen anderen Weg. Ohne landeskirchlich vorgegebenen Sparzwang wurde nach Wegen gesucht, den Kirchenkreis mindestens mittelfristig

63

(finanziell) handlungsfähig zu gestalten. Inhaltlichen Überlegungen sollte dabei Vorrang eingeräumt und strukturell ohne parochiale Festlegung operiert werden.

Den juristischen Rahmen für mögliche Strukturveränderungen boten von Seiten der Landeskirche das Strukturanpassungs- und Erprobungsgesetz (1996/ergänzt 2005) sowie von Seiten des Kirchenkreises eine Strukturanpassungs- und Erprobungsverordnung (2007) und das Reformabsicherungsgesetz (2009).

Wittstock-Ruppin bestand zum Zeitpunkt vor dem Reformprozess aus 50 rechtlich eigenständigen Kirchengemeinden, in denen z. T. weniger als 40 Christinnen und Christen lebten. Nur zwei mittlere Kleinstädte und viele kleine bis Kleinstdörfer sind in dieser Region anzutreffen.

Das EKD-Zentrum Mission in der Region evaluierte gemeinsam mit der Evangelischen Hochschule Berlin den Reformprozess in einem mehrstufigen Verfahren.[1] Neben der Sichtung der Unterlagen wurden Interviews mit Einzelpersonen und Gruppen geführt, mit ehrenamtlich Engagierten wie mit hauptamtlich Mitarbeitenden.

1. Phase: 2004–2007

Infolge der oben beschriebenen Ausgangslage nahmen die Synodalen kommunale und kirchliche Statistiken gezielt in den Blick. Dabei wurde deutlich, dass der demographische Schrumpfungsprozess unmittelbare und sehr wahrschein-

---

1   Alex, Martin/Kleemann, Juliane/Lissig, David: Evaluation der Reform des Kirchenkreises Wittstock-Ruppin. Evaluationsbericht. Hrsg. vom Zentrum Mission in der Region, Dortmund 2012 (Download: <www.zmir.de/veroffentlichungen/zmir_evaluation/sVvLwgzPDMET-wiru_evaluations bericht_web.pdf>).

lich nachhaltig negative Auswirkungen auf die Lage im Kirchenkreis haben würde. Dieser Wahrnehmungsprozess gestaltete sich als erste Herausforderung an alle Beteiligten. Die Erkenntnis, dass eine Weiter-wie-bisher-Strategie letztlich die Handlungsunfähigkeit des Kirchenkreises bedeuten würde, setzte sich nur langsam durch. Die aus der Analyse zu erwartenden Konsequenzen wurden in ihrer Tiefe in kleinen Schritten erfasst und waren umstritten. Insgesamt zeigte sich eine angespannte Diskussionslage.

Die offene aber eindringliche Suche nach einem konstruktiven Umgang mit der aktuellen und zu erwartenden Situation im Kirchenkreis führte zu zwei Folgen: Für die Mehrzahl der Beteiligten bot die Offenheit des Prozesses eine Chance. Es konnte miteinander grundsätzlich neu gedacht, gesucht und sich schließlich auf ein (Struktur-)Modell verständigt werden. Für andere stellte sich der Prozess, besonders in der Anfangsphase, als teils unübersichtlich dar und führte zu diversen und diffusen Ängsten von Verlust alter Gewohnheiten bis hin zu energischen Ablehnungsformen.

Im Zuge der Evaluation ist deutlich geworden, dass – explizit oder implizit – folgende Eckpunkte durch und mit dem Reformprozess angestrebt wurden:

Mitarbeitende:
- Konzentration auf die eigentliche Kernaufgabe der Kommunikation des Evangeliums
- Beachtung der Gaben
- flexibler Mitarbeitereinsatz
- Änderung der Stellenstruktur und Aufgabenverteilung unter den Mitarbeitenden
- Schaffung neuer Freiräume
- Förderung und Stärkung der Zusammenarbeit mit ehrenamtlich Mitarbeitenden

- keine Mehrbelastung der Mitarbeitenden
- Förderung der Arbeit in Teams
- Neuverteilung von Verwaltungsaufgaben und Rechtsfragen
- keine strukturbedingten Entlassungen

Struktur:
- Schaffung handhabbarer Strukturen
- strukturelle Planungssicherheit mindestens bis 2015
- effektivere und vereinfachte Verwaltung und Haushaltsführung
- Balance zwischen parochialen und funktionalen Aufgabenbereichen
- Ergänzung und bessere Gestaltung der Angebote
- Förderung der Selbständigkeit der Gemeinden vor Ort in der Gestaltung des kirchlichen Lebens
- Förderung der Handlungsfelder: Jugend- und Erwachsenenbildung, Konfirmandenarbeit, Kinder- und Familienarbeit, Weiterbildung Ehrenamtlicher, Kirchenmusik
- Neustrukturierung des Kirchenkreises (Reduzierung der eigenständigen Kirchengemeinden und Verringerung der Haushaltspläne)
- äußere Sanierung der Dorfkirchen
- über 2015 hinaus: Etablierung von Zentren für die Arbeit des Kirchenkreises
- Ausgaben für die Personalkosten entsprechend den Zuweisungen durch Kirchensteuer nicht überschreiten

Mentalität und Mission:
- Konzentration auf missionarisch interessante Arbeitsbereiche
- Depressionsgefühl aufbrechen

Trotz dieser langen Übersicht und trotz der gemeinsam gesuchten Gespräche bleibt mit Blick auf die Anfangsphase festzuhalten, dass es nicht ausreichend Raum für eine ausführliche Zieldiskussion vor einer Zielfestlegung gab. Es zeigte sich, dass trotz des inhalts- und gesprächsorientierten Ansatzes kaum ausreichend theologisch und inhaltlich debattiert wurde. Es dominierte die Suche nach konkreten Lösungen und Modellen.

Im Ergebnis aller Überlegungen beschloss die Kreissynode 2007 mit deutlicher 2/3-Mehrheit folgendes Regionenmodell: Alle Gemeinden des Kirchenkreises finden sich entsprechend in fünf Regionen zusammen. Auf Ebene der Region (und nicht mehr der Gemeinde) arbeitet jeweils ein Team aus PfarrerInnen gemeinsam mit KantorInnen und GemeindepädagogInnen. Die PfarrerInnen sind anteilig Gemeinden (ortsbezogener Dienst) und regionalen Aufgaben (aufgabenorientierter Dienst) zugeordnet. So hat jede Gemeinde einen hauptamtlichen Ansprechpartner. Bestimmte Arbeitsbereiche werden übergemeindlich verantwortet und durchgeführt, wie z. B. die Arbeit mit Konfirmandinnen und Konfirmanden. Diese wird für die Region insgesamt geplant und angeboten. Dabei ist ein Pfarrer/eine Pfarrerin der Region für diese Aufgabe verantwortlich und leitet die Gruppen gemeinsam mit einem kreiskirchlichen Beauftragten für den entsprechenden Aufgabenbereich. Die Pfarrerinnen bzw. Pfarrer erfüllen diese Aufgabe damit stellvertretend für die gesamte Region. Es wird dabei versucht, möglichst gabenorientiert die entsprechende Aufgabenorientierung an die Person zu binden. Damit wird dem Gedanken der Teamarbeit und der Gabenorientierung eine konkrete Gestalt gegeben.

In den Dörfern vor Ort wandeln sich die bisherigen (rechtlich selbständigen) Gemeindekirchenräte zu (rechtlich nicht selbständigen) Ortsgemeindekirchenräten. Sie bilden zusammen die Gesamtgemeindevertretung, aus der heraus der (rechtlich verbindliche) Gesamtgemeindekirchenrat gewählt wird. Die Pfarrerinnen und Pfarrer einer Region sind Mitglieder des Gesamtgemeindekirchenrats und nehmen an dessen Sitzungen regelmäßig teil. An den Sitzungen der Ortsgemeindekirchenräte können sie fakultativ teilnehmen.

Die Aufgabenverteilung zwischen den Ortsgemeindekirchenräten und dem Gesamtgemeindekirchenrat ist so gestaltet, dass vor Ort die Verantwortung für das gemeindlich-geistliche Leben liegt (inkl. einem entsprechenden Haushalt). Der Gesamtgemeindekirchenrat vertritt die gesamte Region rechtlich, trägt die Haushaltsverantwortung, befindet über die Bauangelegenheiten in der Region und stellt wesentliche Weichen für die Entwicklung der Region.

Die beiden hier abgebildeten Grafiken zeigen die Struktur der Gremien im Kirchenkreis vor und nach der Reform. Es wird sichtbar, dass diese durch die Reform nicht vereinfacht wurde. Diese neue Struktur versucht, die Vielzahl der Gemeinden so zu beachten, dass die jeweiligen Interessen der ländlich peripheren und durch demographischen Wandel stark geprägten Region nicht zentralisiert werden, zugleich aber von einer starken gemeinsamen Verantwortung getragen sind.

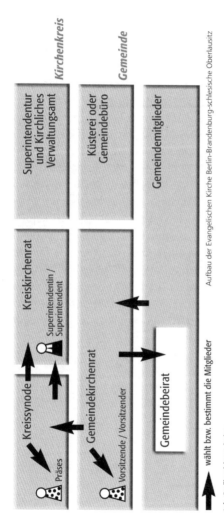

Info-Grafik: wichern-design
Entwurf: Redaktionsteam

Aufbau der Evangelischen Kirche Berlin-Brandenburg-schlesische Oberlausitz

Struktur vor der Reform
(Quelle: Amt für kirchliche Dienste der EKBO (Hg.): Handbuch für den Gemeindekirchenrat, Berlin ³2007, 186)

Struktur mit der Reform
(erstellt durch Martin Alex)

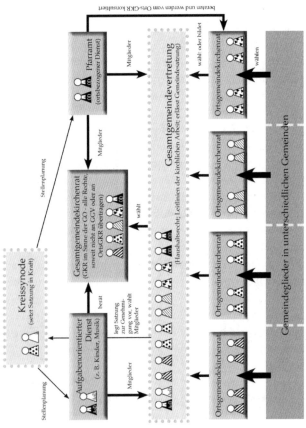

2. Phase: 2008–2012

Die zweite Phase zwischen 2008 und 2012 zeichnet sich besonders durch rechtliche Klärungen und insgesamt durch eine Konsolidierung des Reformprozesses aus.

Mit dem 1. Januar 2008 trat das Reformmodell rechtlich in Kraft. Es wurde in drei von fünf Regionen umgesetzt. Mehrere Gemeinden nutzten allerdings den bis dahin möglichen Weg zur Klage vor dem Verwaltungsgericht der EKBO gegen die Umsetzung. Bis Juni 2008 wurde entschieden, dass die bisherigen Rechtsgrundlagen für die Bildung der Gesamtgemeinden nicht ausreichten. Daraufhin regelte die Kreissynode die rechtliche Grundlage in Form des sog. Reformabsicherungsgesetzes mit einer entsprechenden Satzung bis März 2009 neu. Damit war für die Regionen (drei von fünf), in denen die Reform angenommen und in Umsetzung war, Rechtssicherheit gegeben. Zugleich wurde klargestellt, dass keine Gemeinde in das neue Modell gezwungen werden konnte. Geplant war zusätzlich ein Erprobungszeitraum für die Reform bis 31.8.2013 inklusive Evaluation.

Die Entscheidung der Synode, auf das Reformmodell zuzugehen, bedeutete für Gemeinden große Veränderungen. Gewohntes sollte aufgeben und rechtliche Selbständigkeit an die größere Einheit Gesamtgemeinde abgegeben werden. Zudem änderten sich Aufgaben und Arbeitsweise der Hauptamtlichen. Klagen und Evaluation haben deutlich gemacht, dass sowohl manche Pfarrer als auch manche Gemeinden große Schwierigkeiten mit diesen Veränderungen hatten.

Trotz der vielfältigen Diskussionsmöglichkeiten in der ersten Phase zeigte sich hier der nicht ausreichend geführte Austausch theologischer und geistlicher Überzeugungen.

Vor allem eine explizite ekklesiologische Debatte fand nicht statt. So gingen in den Auseinandersetzungen Strukturargumente und theologisch-ekklesiologische Argumente ineinander über.[2]

Die juristischen Auseinandersetzungen stellten für alle Beteiligten, sowohl für die Reformunterstützer wie auch für die Reformgegner, eine starke, vor allem emotionale Herausforderung dar. Gleichwohl haben diese Auseinandersetzungen zur (rechtlichen) Klärung beigetragen und Lernerfahrungen ermöglicht. Die verabredete Erprobungsphase hat dem Prozess weiteres Konfliktpotenzial entzogen und Möglichkeiten geboten, Lernerfahrungen aus dem Prozess zu evaluieren und ggf. strukturell und rechtlich nachzusteuern.

Im Zuge der Evaluation ist angefragt, ob in ausreichendem Maße die unterschiedlichen sozio-demographischen, geographischen, frömmigkeitstypischen und konzeptionellen Bedingungen in der neuen Gemeindestruktur der Reform berücksichtigt worden sind. Der Prozess in Wittstock-Ruppin zeigt, dass bei Planung und Umsetzung neuer Strukturen lokalen Identitäten und Traditionen deutlich Beachtung geschenkt werden sollte. Allerdings macht dieses Beispiel auch klar, dass sich nicht alle Betroffenen zu Beteiligten machen lassen oder gemacht werden können. Widerstände gegen Veränderungen sind ebenso wie Veränderungen selbst der Normalfall in sozialen Organisationen.

---

2 Mit dem Blick in andere Regionen nicht nur in der EKBO, sondern auch anderer Gliedkirchen der EKD, sowohl in Ost wie in West, verwundert dieser Bestand nicht. Eine ekklesiologische Debatte über Parochie, Region und Kirchenkreis muss sich mit vielen Positionen, teils auch Ideologien auseinandersetzen. Im Zusammenhang mit der Aufgabe einer Strukturreform eines Kirchenkreises wäre diese Debatte vermutlich in der Uferlosigkeit verschwunden.

3. Am Ende der Umsetzung bis heute

Mit der Umsetzung des Regionenmodells in drei von fünf Regionen ist das Reformvorhaben nicht im gesamten Kirchenkreis realisiert worden. Mit Blick auf die Regionen, in denen die Reform eingeführt wurde, lässt sich insgesamt eine Zufriedenheit mit der neuen Situation beobachten. Auf Seiten der dort tätigen hauptamtlich Mitarbeitenden gibt es zunehmend gelingende Entlastung, vor allem durch die Reduktion der Gremienarbeit. Fanden vor der Reform beispielsweise bis zu 15 Gemeindekirchenratssitzungen im Verantwortungsbereich eines Pfarrers statt und musste dieser auch daran teilnehmen, reduziert sich diese Fülle mit der Einführung des Gesamtgemeindekirchenrats auf eine Sitzung im Monat. Die Möglichkeiten gaben- und ressourcenbezogener zu arbeiten führten des Weiteren zu (gefühlter) Entlastung. Zudem wirkt die Arbeit im Team der Vereinzelung im pastoralen Dienst entgegen. Mittlerweile lassen sich auch Freiräume beobachten, mit verschiedenen Ideen auch „interregional" an der Vitalität von Gemeinden und Regionen zu arbeiten.

Für viele Ehrenamtliche in den reformaffinen Regionen bedeutet die Umsetzung der Reform mehr Verantwortung. Gleichzeitig steht ihnen deutlich mehr inhaltlicher Gestaltungsfreiraum als bisher zur Verfügung. Ihnen obliegt in wesentlichem Maß, was in der Gemeinde (an Geistlichem) geschieht, wie sie gestaltet wird, welche neuen Wege sie eventuell beschreitet. Dieser Freiraum der Ehrenamtlichen bleibt nicht ohne Auswirkungen auf das gewohnte Berufsbild von Pfarrpersonen. An dieser Stelle wird es weitere Justierungen geben.

Welche Auswirkungen die Reform auf die Zahl der Gemeindeglieder hat bzw. insgesamt auf die Zukunftsfähigkeit bzw.

die missionarische Kraft der evangelischen Kirche im Land-
kreis Ostprignitz, bleibt abzuwarten. Der beobachtete Zeitraum seit Inkrafttreten der Reform (Januar 2008) bis Mitte
2013 ist zu kurz, um dazu belastbare Aussagen zu treffen.

Der Kirchenkreis Wittstock-Ruppin gilt mit Beschluss der
Landessynode der EKBO weiterhin als Erprobungsraum für
die neue Struktur – auch über den 31. August 2013 hinaus.
Er hat damit die Möglichkeit, notwendige Korrekturen aus
gemachten Erfahrungen einzutragen. Zugleich stellen sich
die Mitarbeitenden und die Gemeinden so als Lernraum zur
Verfügung, in dem neue Wege nicht nur gedacht, sondern
auch beschritten werden.

4. Einschätzung

Nach Einschätzung der Evaluation hat die Reform die Handlungsfähigkeit des Kirchenkreises, auch in Zeiten geringerer
finanzieller Mittel, erhalten. Es ist gelungen, trotz weniger
Hauptamtlichen eine lebendige Arbeit in den Gemeinden
und in den Regionen zu gestalten. Auf einem guten Weg ist
die Klärung und damit auch Planbarkeit der Belastungen
der ehrenamtlich wie hauptamtlich Mitarbeitenden.

Die Reform macht es möglich, zu einer neuen Form von
Zuständigkeiten zu gelangen. Damit ist dem bisherigen rein
additiven Handeln ein stärker an den Inhalten und Möglichkeiten orientiertes Handeln und Steuern entgegengesetzt.
Dies lässt sich dort ablesen, wo die Reform umgesetzt wurde.
Dass bis heute die Teams in den Regionen die Möglichkeit
haben, auf Kosten des Kirchenkreises Supervision zu erhalten, ist hilfreich für die weitere Teamarbeit.

Mit Blick auf die Bereiche, in denen die Reform nicht
umgesetzt wurde, bleibt für den Kirchenkreis die Aufgabe,

trotz der unterschiedlichen Bedingungen ein gemeinsames und gegenseitig achtendes Miteinander zu gestalten. Das wird Aufgrund der z.T. tiefen Zerwürfnisse durch die juristischen Auseinandersetzungen sicherlich noch einige Zeit in Anspruch nehmen.

Insgesamt ist die Reform des Kirchenkreises Wittstock-Ruppin als ein im überwiegenden Maß gelungener Versuch zu bewerten, mit den innerkirchlich wie gesellschaftlich teilweise eruptiven Veränderungen konstruktiv umzugehen. Die dabei aufgetretenen Schwierigkeiten sind aus prozessualer Sicht teils erwartbar, teils überraschend. Sie können allerdings nicht darüber hinwegtäuschen, dass zu einem signifikanten Teil der eingeschlagene Weg etwas Wesentliches ermöglicht hat, nämlich den Erhalt der Gestaltungsfähigkeit und darüber hinaus die Freiheit, neue Ideen zu entwickeln und Identitäten zu stärken, und zwar sowohl der Ortskirchengemeinden, der Gesamtkirchengemeinden und des Kirchenkreises. Das ist für eine Kirche, für die aus reformatorischer Sicht Veränderung eher der Normalfall ist, ein sehr achtbares und zu würdigendes Ergebnis.

5. Extrakt für ähnliche Prozesse

1. Situationsanalysen, die eine besondere Schwere und Grundsätzlichkeit thematisieren, werden nicht notwendigerweise durch alle Mitglieder eines Kirchenkreises in Haupt- und Ehrenamt geteilt. Dies stellt eine besondere Herausforderung an die Kommunikation von Seiten der Leitung dar. Zudem bedarf es hier Geduld, bis mindestens eine nennenswerte und akzeptierte Mehrheit die Situationsanalysen und der Notwendigkeit zu Konsequenzen annimmt und aktiv mitgestaltet.

2. Bei tiefgreifenden Veränderungsprozessen sollten so viele Menschen wie möglich auch in verschiedenen Formen und über die bestehenden Formate (Synode, GKR etc.) hinaus einbezogen werden. Die Planungen solcher Prozesse mit den einzelnen Schritten sind mindestens mittel-, eher langfristig anzulegen und bedürfen einer guten externen Begleitung.

3. Es sollten so viele Kommunikationsformen wie möglich genutzt werden (bspw. Homepage, Gemeindenachrichten, Brief der Synode an die Gemeinden ...). Professionelle Begleitung hilft, Fallstricke zu vermeiden.

4. Veränderungen werden sehr schnell strukturell gestaltet – das hat eine eigene Sogwirkung, die es zu beachten gilt.

5. Ziele sollten so klar wie möglich beschrieben und festgelegt werden – auch inhaltlich. Gleichzeitig bedürfen sie Phasen der Nachjustierung.

6. Große Veränderungen brauchen Zeit (Diskussionen, Zielfindung, Kommunikation) und Druck (Umsetzung einleiten) gleichzeitig.

7. Möglicherweise, eher wahrscheinlich, gibt es für Regionen nie ein gleiches Modell für alle. Eine Mischwirtschaft verschiedener Formen wird der Vielfalt der Prägungen und Traditionen und Möglichkeiten gerechter und erhöht die Akzeptanz von Veränderungen (siehe dazu die Erfahrungen in der anglikanischen Kirche, die unter den Begriffen fresh ex und mixed economy bekannt sind).

8. Große regionale Umgestaltungen sind möglich und fördern die Handlungsfähigkeit einer Region, in dem Traditionen und Besonderheiten vor Ort erhalten bleiben.

9. Große Veränderungen erhalten durch Probedurchgänge mehr Akzeptanz. Ausprobieren fördert Verständnis des Anliegens und Akzeptanz.

Ralph Charbonnier

Kirche in Veränderung

Grundlagen und Konkretionen
von Veränderungsprozessen im Kirchenkreis[1]

1. Einleitung: Der Kirchenkreis als wichtige Ebene von Veränderungsprozessen

Kirche, die sich nicht veränderte, wäre nicht Kirche – schon deswegen nicht, weil Kirche immer kommuniziertes Evangelium unter Menschen ist, in einer konkreten Zeit, an einem konkreten Ort, in einem konkreten gesellschaftlichen Kontext, und weil sich sowohl Zeiten wie Orte wie Kontexte wandeln. Kirche kann sich Veränderungen prinzipiell nicht entziehen, aber sie kann sie aktiv und theologisch verantwortlich gestalten, so dass sie in allen Veränderungen ihre Identität bewahrt.

Die gesellschaftlichen Kontexte ändern sich gegenwärtig gravierend. Zu den gesellschaftlichen Veränderungen, die weitgehend global zu verzeichnen sind, gehören eine Individualisierung, Ökonomisierung und technologische Standardisierung der Lebenswelten, eine funktionale Ausdifferenzierung der Gesellschaften, eine weitere Spreizung von Arm und Reich. Zu den nationalen und regionalen Kontextänderungen müssen die demographische Entwicklung, sozialräumliche Veränderungen (Stichwort Landflucht), eine

---

1   Wesentliche Einsichten und Praxiserfahrungen zu diesem Thema verdanke ich der Zusammenarbeit mit den ehrenamtlich und beruflich Mitarbeitenden im Kirchenkreis Burgdorf. Diesen sei darum dieser Beitrag gewidmet.

77

Pluralisierung der religiösen und weltanschaulichen Überzeugungen, ein fortschreitender Abbruch der tradierten
Erfahrungen mit dem christlichen Glauben sowie ein Rückgang der Mitgliederzahlen und finanziellen Ressourcen der
christlichen Kirchen gezählt werden. Bei all dem hat das
Tempo der Veränderungen im Vergleich zu Veränderungen
in der Vergangenheit zugenommen. Umso wichtiger wird
eine theologisch verantwortete Leitung der Kirche in diesen
Veränderungen.

Diese Aufgabe einer Leitung von Veränderungsprozessen
in der Kirche wurde in den letzten Jahren auf allen Ebenen
der evangelischen Kirche vielfältig angenommen: Kirchengemeinden profilieren ihre Arbeit, Regionen werden als Gestal-
tungsräume entdeckt,[2] Kirchenkreise entwickeln Konzepte
ihrer Arbeit,[3] Landeskirchen entwerfen in Zukunfts- und
Perspektivkommissionen der Synoden Szenarien und Spar-
programme, die Evangelische Kirche in Deutschland initi-
iert mit ihrer Schrift „Kirche der Freiheit"[4] und nachfolgen-
den Kongressen einen langjährigen Reformprozess,[5] die
Gemeinschaft Evangelischer Kirchen in Europa stärkt die
konzeptionelle Arbeit unter den Kirchen der Leuenberger
Konkordie in der Öffentlichkeit.

Viele dieser Überlegungen zur Veränderung kirchlicher Arbeit kulminieren in Veränderungsprozessen, die auf
Ebene der Kirchenkreise, der sog. „mittleren Ebene", geleitet

---

2 Vgl. *EKD-Zentrum für Mission in der Region* (Hg.), Region als mehrdimensionaler Gestaltungsraum, Dortmund 2012.

3 Herbert *Lindner*/Roland *Herpich*, Kirche am Ort und in der Region. Grundlagen, Instrumente und Beispiele einer Kirchenkreisentwicklung, Stuttgart 2010.

4 *Kirchenamt der EKD*, Kirche der Freiheit. Perspektiven für die Evangelische
Kirche im 21. Jahrhundert, Hannover 2006.

5 Vgl. <www.kirche-im-aufbruch.ekd.de> (letzter Zugriff 17.06.2013).

werden müssen. Dies hat unterschiedliche Gründe: Auf der einen Seite sind Leitungspersonen und -gremien des Kirchenkreises nah an den Herausforderungen des kirchlichen Alltags und kommunikativ eng mit den handelnden Personen und Gremien verbunden – eine wesentliche Voraussetzung für eine erfolgreiche Leitung von Veränderungsprozessen. Auf der anderen Seite sind den Kirchengemeinden und den Landeskirchen enge Grenzen für die Leitung dieser Veränderungsprozesse gesteckt – den einen, weil ihr Verantwortungsbereich zu eng ist, den anderen, weil ihnen Detailkenntnisse der lokalen kirchlichen Praxis fehlen und sich Planungsbereiche regional sehr unterschiedlich entwickeln. Da die Leitung von Veränderungsprozessen somit auf der Ebene von Kirchenkreisen besonders effektiv ist, sollen sie im Folgenden in den Fokus gerückt werden.

Bevor Veränderungsprozesse im Kirchenkreis – am Beispiel des Kirchenkreises Burgdorf bei Hannover – beschrieben werden (Abschnitt 3), sollen folgende theologische, ekklesiologische und kybernetische Grundlagen skizziert werden, die in Veränderungsprozessen auf allen Ebenen der Kirche zentrale Bedeutung haben. Dies geschieht an dieser Stelle, weil insbesondere die begrenzten Ressourcen kirchlicher Arbeit, die konkreten Elemente von Organisationen sowie Aspekte der Pastoralpsychologie und psychodynamischen Organisationstheorie in der kirchentheoretischen Literatur bislang kaum einen systematischen Ort gefunden haben, was jedoch für die Reflexion, Darstellung und erfolgreiche Durchführung von Veränderungsprozessen in Kirchenkreisen notwendig erscheint:[6]

---

6 Zu den beschriebenen, wenig beleuchteten Feldern der kirchentheoretischen Debatte kommt hinzu, dass die Handlungsebene der Kirchenkreise gegenüber den Handlungsebenen „Kirchengemeinde" und „Landeskirchen" nur marginal behandelt werden oder gänzlich unberücksichtigt

- wie kann Kirche in Veränderungsprozessen ihre Identität
  wahren? Das Kybernetische Dreieck als Rahmenmodell
  für Veränderungsprozesse (2.1)
- die Sozialform „Organisation" als Ort für Veränderungen. Das St. Galler Management-Modell als Rahmenmodell für Organisationsformen in der Kirche (2.2)
- theologische Eckpfeiler der Mitarbeitenden-Führung (2.3)
- geistliche Leitung von Veränderungsprozessen in der Kirche – in allen Leitungsaufgaben von Predigt bis Management (2.4).

Mit der ausführlichen Darstellung dieser theologischen
Grundlagen soll außerdem deutlich werden, dass diese Basis
weiterhin die Leitkategorien kybernetischen Handelns zur
Verfügung stellt – auch wenn sie mit Managementwissen
und -methoden aus dem Bereich der Ökonomie kombiniert
wird.

2. Ecclesia semper reformanda – Theologische, ekklesiologische und kybernetische Grundlagen[7]

2.1 Kirche in Veränderung unter Wahrung ihrer Identität

Veränderungen der Sozialform der Kirche sollen unter Wah-
rung der Identität von Kirche möglich sein. Aus dem Neuen
Testament lässt sich aus hermeneutischen Gründen kein

---

bleiben, vgl. Eberhard *Hauschildt*/Uta *Pohl-Patalong*, Kirche, Gütersloh
2013, 250 f.; Jan *Hermelink*, Kirchliche Organisation und das Jenseits des
Glaubens, Eine praktisch-theologische Theorie der evangelischen Kirche,
Gütersloh 2011; Reiner *Preul*, Kirchentheorie, Berlin/New York 1997.

7 Zum gesamten Zusammenhang vgl. das Gutachten von Wilfried *Härle*,
Führen und Leiten in der evangelischen Kirche, in: Kirchenamt der EKD
(Hg.), „Geistlich Leiten – Ein Impuls", epd-Dokumentation 6/2012, Hanno-
ver, 26–53.

Strukturmodell und keine Sozialform der Kirche der Gegenwart ableiten. Dies gilt auch für das *paulinische Organismusmodell* des Leibes mit seinen Gliedern (1Kor 12) als Bild für das Reich Christi. Das Organismusmodell weist jedoch auf Aspekte des Leibes Christi, an denen sich alle Sozialformen kirchlichen Lebens und ihre Veränderungen messen lassen müssen. Zu diesen Aspekten gehören die Aufgabenspezifizierung der Organe und Glieder in dem *einen* Geist, die *Diversifizierung* des Organismus in Organe und Glieder, die jedoch in einem *Zusammenhang* stehen, die Gleichwertigkeit aller Organe und Glieder für den einen Leib, die notwendige Verantwortung und Sorge der Organe und Glieder füreinander als Voraussetzung für einen möglichst gesunden Leib.

Nach altkirchlichem Verständnis wird die Arbeit der Kirche – zunächst unabhängig von jeweiligen Sozialformen – von vier Dimensionen durchzogen: *Leiturgia, Diakonia, Martyria, Koinonia.*[8]

Das Augsburger Bekenntnis (CA 7) beschreibt die „eine heilige christliche Kirche" als „die Versammlung aller Gläubigen, bei welchen das Evangelium rein gepredigt und die heiligen Sakrament lauts des Evangelii gereicht werden"[9]. Das Augsburger Bekenntnis lässt somit eine große Freiheit hinsichtlich der Gestaltung bzw. Veränderung konkreter sozialer Formen von Kirche. Dass diese Freiheit nicht Züge der Beliebigkeit trägt, ergibt sich zum einen aus CA 28 und wird in historischer Klarheit in Artikel 3 der Barmer Theologischen Erklärung verdeutlicht, nach der die Kirche „mit ihrer Botschaft wie mit ihrer Ordnung [...] zu bezeugen [hat], dass sie allein sein [Jesu Christi] Eigentum ist, [...] Wir verwerfen

---

8 Vgl. *Preul*, Kirchentheorie, 149; *Hauschildt/Pohl-Patalong*, Kirche, 420.

9 Vgl. Die Bekenntnisschriften der evangelisch-lutherischen Kirche, Göttingen [10]1986, 61, 4–7; Wilfried *Härle*, Art. Kirche, VII Dogmatisch in: Theologische Realenzyklopädie, Bd. 18, Berlin/New York 1989 , 277–317, insbes. 289–293.

die falsche Lehre, als dürfe die Kirche die Gestalt ihrer Botschaft und ihrer Ordnung ihrem Belieben oder dem Wechsel der jeweils herrschenden weltanschaulichen und politischen Überzeugungen überlassen."[10]

In der aktuellen kirchentheoretischen Diskussion wird vielfach die Überzeugung vertreten, dass Kirche hinsichtlich ihrer Sozialform als ein Hybrid der Sozialformen „Bewegung", „Institution" und „Organisation" zu beschreiben ist.[11] Hinsichtlich der Veränderungsprozesse der Kirche gehen von der Sozialform „Bewegung" vielfach Veränderungsimpulse aus, die von der Organisation Kirche aufgenommen werden können. Die Sozialform „Organisation" wird durch zielgerichtet geleitete Veränderungsprozesse charakterisiert.

In der Praxis der kirchlichen Arbeit der Gegenwart stellt sich die Frage, was Aufgabe einer bestimmten Sozialform/ Organisation der Kirche (Kirchengemeinde, Region, Kirchenkreis, Landeskirche, EKD) in einem konkreten Kontext und unter bestimmten Rahmenbedingungen bzw. mittels begrenzter Ressourcen sein soll und welche denkbaren Aufgaben nicht angenommen werden (Aufgabenbeschreibung, -priorisierung, -kritik). In Analogie zur sog. Homiletischen Trias von „Text", „Situation" und „Prediger", die die Eckpunkte zur Entstehung und Umsetzung einer Predigt beschreibt,[12] kann hier von einem *Kybernetischen Dreieck* zur Planung und Umsetzung kirchlicher Arbeit gesprochen werden:[13]

---

10 Alfred *Burgsmüller*/Rudolf *Weth* (Hg.), Die Barmer Theologische Erklärung. Einführung und Dokumentation, Neukirchen-Vluyn [6]1998, 38.

11 Vgl. *Hauschildt/Pohl-Patalong*, Kirche, 138–219, insbesondere 216–219; ähnlich *Hermelink*, Organisation, 89–115.

12 Vgl. Henning *Luther*, Stufenmodell der Predigtvorbereitung, in: Theologia Practica 17. Jg., 1982, 60–68.

13 Vgl. zu ähnlichen, aber nicht identischen Dreiecks-Konzeptionen in der Kirchentheorie und Pädagogik *Hauschildt/Pohl-Patalong*, Kirche, 415–418.

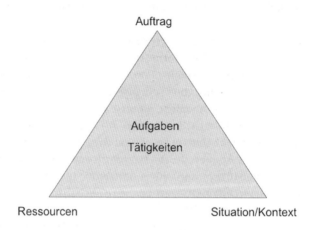

Abb.: Kybernetisches Dreieck

Die zu planenden und umzusetzenden Aufgaben bzw. Veränderungen einer kirchlichen Organisation ergeben sich, indem der biblische Auftrag (Kommunikation des Evangeliums) auf den gesellschaftlichen Kontext (Traditionen, Milieus, Mitgliedschafts- und Bevölkerungsstruktur, zukünftige Entwicklungen, Erwartungen u.a.m.) und auf die Ressourcen (Kompetenzen der Mitarbeitenden, Finanzmittel, Sachmittel, Stärken-Schwächen-Profil u.a.m.) des Handlungsbereiches (Kirchengemeinde oder Region oder Kirchenkreis oder Landeskirche oder EKD) bezogen wird. Das Kybernetische Dreieck ist somit unverzichtbares Instrumentarium bei der Planung von Veränderungsprozessen in der Kirche, weil hiermit Priorisierungen und Posteriorisierungen beraten und festgelegt werden können.

2.2 Kirchliche Organisationen als Orte der Veränderungen

Wenn es um Veränderungsprozesse in der Kirche geht, ist insbesondere die Sozialform „Organisation" angesprochen. Um darstellen zu können, wie Veränderungen in einer kirchlichen Organisation durchgeführt werden können, sind zunächst verschiedene Prozesse einer Organisation zu unterschieden. Nach dem neuen St. Galler Management-Modell,[14] das für Unternehmen und Organisationen entwickelt wurde, können Geschäftsprozesse von Management- und Unterstützungsprozessen unterschieden werden. In kirchlichen Organisationen können Geschäftsprozesse als *Primärprozesse* bezeichnet werden, zu denen alle Tätigkeiten in den Handlungsfeldern gehören, in denen die vier Dimensionen der Kirche Leiturgia, Diakonie, Koinonia und Martyria realisiert werden. Der Begriff der Managementprozesse ist aus pragmatischen Gründen[15] im kirchlichen Kontext durch den Begriff der *Führungs- und Leitungsprozesse* zu ersetzen. Zu ihnen gehören normative Orientierungsprozesse (geistliche Vergewisserung, theologische Reflexion, Beratung u. a.), strategische Planung und Zielfindung sowie auf der operativen Ebene Maßnahmenumsetzung, Mitarbeiterführung, Finanzplanung und -controlling sowie Qualitätsentwicklung. Der Begriff der *Unterstützungsprozesse* ist auch

---

14 Vgl. Johannes *Rüegg-Stürm*, Das neue St. Galler Management-Modell, Bern/Stuttgart/Wien ²2003.

15 Der Begriff des Managements wird im kirchlichen Alltag mit sehr unterschiedlichen Bedeutungen gebraucht. Versteht man unter Management eine normativ gegründete Führungs- und Leitungsarbeit, könnte der Begriff der Managementprozesse auch auf kirchliche Organisationen angewendet werden. Da jedoch im Praxisalltag erhebliche Vorbehalte gegenüber dem Begriff des Managements existieren, soll er hier durch „Führungs- und Leitungsarbeit" ersetzt werden.

im kirchlichen Kontext hinreichend verständlich und meint alle Prozesse der Verwaltung, Fort- und Weiterbildung, Infrastrukturentwicklung (Informations- und Kommunikationstechnik, Gebäude), Kommunikation (Öffentlichkeitsarbeit, interne Kommunikation u. a.) und Evaluation. Führungs- und Leitungs- sowie Unterstützungsprozesse können gegenüber den o. g. Primärprozessen als Sekundärprozesse bezeichnet werden. Damit soll jedoch keine geistliche Höherwertigkeit der Primärprozesse gegenüber den Sekundärprozessen bezeichnet werden. Allerdings ist eine Asymmetrie zwischen den Primär- und den Sekundärprozessen gegeben: Sekundärprozesse dienen der möglichst guten Ausübung der Primärprozesse als der Ausübung des kirchlichen Auftrages. Sekundärprozesse sind demnach kein Selbstzweck, sondern haben eine abgeleitete Funktion.[16]

Eine jede Organisation steht nach dem St. Galler Management-Modell in einem Wechselverhältnis zu Kontexten (Gesellschaft, Natur, Technologie, Wirtschaft) und Anspruchsgruppen. Zu Letzteren gehören Kunden (in Kirche: Mitglieder und Bevölkerung), Mitarbeitende (in Kirche: ehrenamtlich und berufliche), Kapitalgeber (in Kirche: Kirchensteuerzahler, Sponsoren, Zeit- und Geldspender), Öffentlichkeit, Staat, Lieferanten (in Kirche: Ausbildungsstätten, Lieferanten für Sach- und Betriebsmittel) sowie Konkurrenz (in Kirche: andere Konfessionen, religiöse Gemeinschaften, weltanschauliche Gruppierungen).

Veränderungsprozesse in der Kirche zu planen und umzusetzen heißt, alles kirchliche Handeln in Primär-, Füh-

---

16 Diese Verhältnisbestimmung ist nicht trivial, wie die kirchliche Praxis zeigt, in der in Veränderungsprozessen immer wieder der Erhalt von kirchlichen Einrichtungen zum Ziel erklärt wird, ohne dass eine Funktion einer solchen Einrichtung zur Ausübung eines Primärprozesses, also des kirchlichen Auftrages nachgewiesen wird.

rungs- und Leitungs- sowie Unterstützungsprozessen zu planen, umzusetzen und zu evaluieren. Für die Kirche ist dabei grundlegend und wesentlich, dass in diesen Prozessen die Aspekte des Kybernetischen Dreiecks aufeinander bezogen werden.

2.3 Veränderungsprozesse und Mitarbeitenden-Führung

Kirche verändert sich nur, wenn diese Veränderungen von den Mitarbeitenden entwickelt, getragen, umgesetzt und evaluiert werden. Aus diesem Grund muss neben die Leitung von Veränderungsprozessen einer kirchlichen Organisation die Führung der ehrenamtlich und beruflich Mitarbeitenden gestellt werden. Entsprechend der unterschiedlichen Begabungen der Mitarbeitenden (vgl. 1Kor 12) und der unterschiedlichen Aufgaben in den o.g. Prozessen kirchlicher Organisationen, die unterschiedliche Handlungstypen erfordern,[17] geht es darum, Mitarbeitende für die unterschiedlichen Aufgaben zu finden, in Gottesdiensten einzuführen und ggf. zu verabschieden, in der Arbeit zu begleiten (Jahresgespräche, Anlass- und Kritikgespräche), Angebote der Fortbildung, Supervision und berufsbiographischen Entwicklung zu machen sowie die Kommunikation unter den Mitarbeitenden zu fördern. Der Ansatz eines „diversity management", nach dem Organisationen besonders erfolgreich arbeiten, wenn sie Mitarbeitende unterschiedlichen Alters, beiderlei Geschlechts, unterschiedlicher Herkunft und

---

17 Preul unterscheidet in Anlehnung an Schleiermachers Unterscheidung von darstellendem und wirksamem Handeln das kommunikative und das disponierende Handeln, vgl. Kirchentheorie, 6. Die kommunikative Dimension des Handelns steht bei den Primärprozessen und die disponierende Dimension bei den Führungs- und Leitungs- sowie bei den Unterstützungsprozessen im Vordergrund.

Arbeitsstile einbinden, erscheint auch vor dem Hintergrund des paulinischen Bildes vom Leib Christi als hilfreich.

Vor dem Hintergrund eines evangelischen Freiheitsverständnisses, nach dem Freiheit und Dienst in einem unauflösbaren Zusammenhang stehen,[18] gilt es, sowohl die Freiheit des einzelnen Mitarbeitenden und seine intrinsische Motivation zu fördern als auch zugleich die Aspekte des Dienstes in einer Dienstgemeinschaft zu stärken.[19]

In methodischer Hinsicht hat sich die Mitarbeitenden-Führung an theologischen Leitgesichtspunkten wie Art. 28 des Augsburger Bekenntnisses („... ohn menschlichen Gewalt, sonder allein durch Gottes Wort"[20]) und der Unterscheidung von Person und Werk zu orientieren, nach der die Achtung und Wertschätzung des *Mitarbeitenden* eine Würdigung und konstruktive Kritik an der *Arbeit* des Mitarbeitenden ermöglicht. Einsichten der Pastoralpsychologie[21] und der psychodynamischen Organisationsentwicklung[22] können Brücken zwischen diesen theologischen Grundüberzeu-

---

18 Vgl. Gal 5,1–14 und die klassische Interpretation dieses Zusammenhangs durch Martin *Luther* in: Die Freiheit eines Christenmenschen, (1520), in: Kurt Aland (Hg.), Luther Deutsch, Bd. 2, Stuttgart 1962, 251–274.

19 Wenn bei einer Mitarbeitenden-Führung in einer kirchlichen Organisation eine Schwächung der intrinsischen Motivation der Mitarbeitenden befürchtet wird (vgl. Isolde *Karle*, Kirche im Reformstress, Gütersloh 2010, 191–225), wird entweder die Mitarbeitenden-Führung als heteronome Mitarbeitenden-Führung missverstanden oder es wird der Zusammenhang von Freiheit und Dienst in einer Dienstgemeinschaft ausgeblendet und somit Freiheit als individuelle Autonomie missverstanden.

20 Bekenntnisschriften, 124, 4 f.

21 Als Beispiel seien die Ausführungen zum Umgang mit Macht und zur Konfliktbearbeitung in der Kirche von Michael *Klessmann*, Pastoralpsychologie, Neukirchen-Vluyn 4. Aufl. 2009, 261–277, genannt.

22 Vgl. Mathias *Lohmer* (Hg.), Psychodynamische Organisationsberatung. Konflikte und Potentiale in Veränderungsprozessen, Stuttgart 2. Aufl. 2004.

gungen und dem Führungsalltag in der Kirche bilden. Auf dem Feld der Führung der ehrenamtlich tätigen Mitarbeitenden hat die Entwicklung des Freiwilligenmanagements und der Ehrenamtskultur zu wichtigen Einsichten geführt, die bei der Mitarbeitenden-Führung berücksichtigt werden können.[23]

2.4 Veränderungsprozesse geistlich leiten

Veränderungsprozesse in der Kirche sollen geistlich geleitet werden. Dies geschieht, indem Gottes Geist *„in, mit und durch* das stets fehlbare und begrenzte Wirken von Menschen"[24] wirkt.[25] Konkret wird Geistliches Leiten, indem geistliche Einsichten über die Kirche, ihre Sozialformen, ihre Herausforderungen, Ziele, Maßnahmen, Priorisierungen und Verantwortlichkeiten und das Handeln als Mitarbeiter oder Mitarbeiterin der Kirche theologisch reflektiert werden (s. Abschnitte 2.1 bis 2.3) und das Leitungshandeln orientieren. Die geistliche Qualität durchzieht nach diesem Verständnis alles kirchenleitende Handeln von der Predigt bis zur Verwaltung, von der Stellenplanung bis zur Seelsorge. Geistliches Leiten in diesem Sinne kann nur gelingen, wenn

---

23 Vgl. Barbara *Hanusa* (u. a.) (Hg.), Engagiert in der Kirche. Ehrenamtsförderung durch Freiwilligenmanagement, Stuttgart 2010.

24 Thorsten *Latzel*, „Geistlich Leiten" – Versuch einer Begriffsschärfung, in: Kirchenamt der EKD, Geistlich Leiten – Ein Impuls. Dokumentation, epd-Dokumentation 6/2012, 6–11, 7.

25 Mit diesem integralen Verständnis des geistlichen Leitens als einem Leitungshandeln, das zugleich göttliches und menschliches Handeln ist, ist sowohl ein Verständnis des geistlichen Leitens ausgeschlossen, das das Handeln Gottes an die Stelle menschlichen Handelns setzt („Eingreifen Gottes"), als auch ein Verständnis, nach dem menschliches Handeln mit Gottes Handeln identifiziert wird („Geistunmittelbarkeit"); vgl. *Latzel*, Geistlich Leiten, 6 f.

sich die Mitarbeitenden als von Gott gerechtfertigte Menschen verstehen, die sich zu leitendem Handeln in der Kirche von Gott beauftragt sehen und zugleich entsprechend der Ordnung der Kirche zu diesem Handeln beauftragt wurden.[26] Um solche Glaubenserfahrungen und deren theologische Reflexion zu fördern, bedarf es der Kommunikation des Evangeliums in Gottesdienst, Bibelarbeit, Gebet, theologischer Reflexion und vertrauensvoller Beratung unter den Geschwistern der Dienstgemeinschaft.

3. Veränderungsprozesse im Kirchenkreis – am Beispiel des Kirchenkreises Burgdorf[27]

Viele der Veränderungen im Kirchenkreis werden in den *kontinuierlichen*, meist kleinschrittigen Prozessen der Organisationsleitung (Abschn. 3.1) und der *kontinuierlichen* Mitarbeitendenführung (Abschn. 3.2) durchgeführt, indem diese nach dem Modell des Kybernetischen Dreiecks vollzogen werden. Hinzu kommen *projektförmige*, also befristete und durch eigene Lenkungsgruppen geleitete Veränderungsprozesse (Abschn. 3.3), mit denen umfangreichere und strategisch

---

26 Vgl. Berufung – Einführung – Verabschiedung. Abende 6 für die Union Evangelischer Kirchen in der EKD, Agende IV, Teilband 1 der VELKD für evangelisch-lutherische Kirchen und Gemeinden, Hannover 2012, 10–16.

27 Quantitative Rahmendaten des Kirchenkreises Burgdorf bei Hannover: ca. 56.000 Gemeindeglieder, 18 Gemeinden, ca. 2.000 ehrenamtlich Mitarbeitende in Kirchengemeinden und im Kirchenkreis, 25 Pastoren/innen, 10 Diakone/innen, 3 hauptberufliche Kirchenmusiker/innen, ein Öffentlichkeitsreferent, ein Fundraiser, 10 Kindertagesstätten in kirchengemeindlicher Trägerschaft, Beteiligung am Diakonieverband Hannover-Land (Beratungsstellen und Projekte), Kirchenkreiseinrichtungen (Kreisjugenddienst, Kantorat, Mitarbeitervertretung); vgl. <www.kirchenkreis-burgdorf.de>.

besonders wichtige Themenfelder einer stärkeren Veränderung unterzogen werden können.

3.1 Organisation Kirchenkreis leiten

Die Organisation Kirchenkreis ist eng verbunden mit den Organisationen der Kirchengemeinden und der Landeskirche. Aus diesem Grund sollten Leitungsprozesse zwischen diesen Ebenen abgestimmt sein (vgl. auch 1Kor 12). In dieser „konzertierten" Kirchenleitung kommen dem Kirchenkreis Burgdorf folgende Aufgaben und Prozesse zu, innerhalb derer Veränderungen geplant und umgesetzt werden können:

Zu den *Primärprozessen* der evangelischen Kirche, die durch den Kirchenkreis ausgeführt werden, gehören:

- Gottesdienste und Andachten mit Predigt (zu Einführungen, Verabschiedungen, Visitationen, besonderen Anlässen u. a.) und Seelsorge (mit Mitarbeitenden) des Superintendenten und anderer vom Kirchenkreis Beauftragter einschließlich Teams,
- Diakonie (Schuldnerberatung, Ehe- und Familienberatung, Suchtberatung, allgemeine Sozialberatung, Kurenberatung, ambulanter Hospizdienst) im Diakonieverband,
- Kreisjugenddienst (Ausbildung von Jugendlichen für Jugendleiter-Card, Freizeiten für Jugendliche, schulkooperative Jugendarbeit),
- Bildungs-, Kultur- und Kirchenmusikarbeit (überregionale Veranstaltungen), Beiträge zur öffentlichen Verantwortung (Veranstaltungen zu Jahresthemen, Tage des Kirchenkreises, ethische Stellungnahmen in Presse und Internet),

- Gemeinschaftspflege (Tage des Kirchenkreises, Oasentage, Feste).

Führungs- und Leitungsprozesse:
- Konzeptentwicklung für Kirchenkreistätigkeiten (Bestimmung von Herausforderungen, Zielen, Prioritäten, Maßnahmen, Verantwortlichkeiten, Evaluation),
- Finanz- und Stellenplanung,
- Gebäude- und Energiemanagement (Datenbank für Bauunterhaltung und Betriebskosten der Immobilien, Masterplan für zukünftige Entwicklung),
- Jahresgespräche für alle beruflich und (auf freiwilliger Basis) ehrenamtlich Mitarbeitende,
- Anlass- und Kritikgespräche,
- Konfliktmoderation und –bearbeitung,
- Visitationen (mit den Aspekten Beratung und Aufsicht),
- Organisations-Entwicklungs-Prozesse (s. Abschn. 3.3).

Unterstützungsprozesse:
- Fort- und Weiterbildung der ehrenamtlich und beruflich Mitarbeitenden (Kommunikation, z.T. Koordination und z.T. Kooperation bei Fortbildungsveranstaltungen),
- Öffentlichkeitsarbeit (Beratung für Gemeindebriefarbeit, Internetauftritt, Pressemitteilungen, Corporate Design),
- Fundraising (Beratung und Datenbankunterstützung für Spendenbriefe und sonstige Fundraising-Maßnahmen, Beratung und Begleitung von örtlichen Fördervereinen und Stiftungen),
- Kreisjugenddienst (Fachberatung für gemeindliche und regionale Jugendarbeit, Fachstelle für schulkooperative Jugendarbeit in den Gemeinden/Regionen),
- Kreiskantorat (Aus- und Fortbildung von Organisten/innen, Chorleitern/innen, Posaunenchorleitern/innen,

Jugendbands, Planung der „Versorgung" der Gemeinden mit Musikern/innen),

- Notfallseelsorge und Seelsorge in der Palliativversorgung (Koordination der Gemeindeseelsorger/innen, Fortbildung, Supervision),
- Lektoren- und Prädikantenarbeit (Aus- und Fortbildung, kollegiale Beratung),
- Organisation von Beauftragungen auf verschiedenen Feldern der kirchlichen Arbeit,
- Pflege der Dienstgemeinschaft (Konferenzen, Klausuren, Mitarbeitendenmagazin, Feste),
- Verwaltung und Rechtsberatung (Kirchenkreisamt),
- Unterstützung bei Informations- und Kommunikationstechnologie (PC-Beratung und -Wartungsdienst).

Überblickt man diese Auflistung der Aufgaben und Prozesse des Kirchenkreises, so wird – insbesondere hinsichtlich der hier besonders interessierenden Themenstellung der Veränderungsprozesse in einem Kirchenkreis – Folgendes deutlich:

- Der Kirchenkreis ist – entsprechend des Subsidiaritätsprinzips – nur bei solchen Primärprozessen federführend, die die Möglichkeiten einzelner Gemeinden oder Regionen übersteigen. Das Schwergewicht der Kirchenkreis-Aktivitäten liegt auf den Führungs- und Leitungssowie den Unterstützungsprozessen.
- Für Veränderungen des kirchlichen Lebens in einem Kirchenkreis hat die Organisation Kirchenkreis eine besonders hohe Bedeutung, da die kleineren Organisationseinheiten „Kirchengemeinden" für umfassendere Veränderungen Kooperationen mit Nachbargemeinden eingehen müssen. Dies setzt Kommunikations-, Koordinations- und ggf. Kooperationsleistungen voraus, die durch eine übergeordnete Ebene unterstützt oder federführend durchgeführt werden können.

3.2 Mitarbeitende im Kirchenkreis führen

Der Führung der Mitarbeitenden einschließlich der Förderung der Eigenverantwortung für die persönliche berufsbiographische Entwicklung kommt eine hohe Bedeutung zu, da die Primärprozesse – die Kommunikation des Evangeliums – personale Prozesse sind, bei denen die fachlichen und kommunikativen Kompetenzen, die Authentizität und Motivation der Mitarbeitenden von hoher Bedeutung sind. Auch hier gilt das Subsidiaritätsprinzip: Manche der Maßnahmen der Mitarbeiterführung können auf der Ebene der Kirchengemeinden ergriffen werden (z. B. kollegiale Beratung, Supervision durch externe Supervisoren/innen), andere wiederum müssen durch den Kirchenkreis, die Landeskirche oder die EKD (z. B. bundesweit ausgeschriebene Fortbildungsangebote) durchgeführt werden.

Zu den Aufgaben des Kirchenkreises zählen – am Beispiel des Kirchenkreises Burgdorf:

- Gottesdienste und Andachten (Einführung, Verabschiedung, Dienstjubiläen, Dank für ehrenamtlich und beruflich Mitarbeitende u. a.),
- Maßnahmen des Freiwilligenmanagements und der Ehrenamtlichen-Kultur mit den ehrenamtlich Mitarbeitenden des Kirchenkreises (Mitglieder des Kirchenkreistages, des Kirchenkreisvorstandes, der Kirchenkreis-Einrichtungen u. a.) und Förderung dieser Maßnahmen in den Kirchengemeinden,[28]
- Jahresgespräche (mit den Elementen Rückblick/Feedback, Reflexion der Arbeitsbeziehung zwischen Mitarbei-

---

28 Vgl. <www.kirchliche-dienste.de/upload/10/1560_flyer_12_standards_end fassung_web.pdf> (letzter Zugriff 17.06.2012).

tendem und Vorgesetztem, Planung und Zielvereinba-
rungen),

- Dienst- und z.T. auch Fachaufsicht bei beruflich Mitarbeitenden (Dienstbeschreibung bzw. -anweisung, Visitati-
onsgespräch u. a.),
- Feedbackkultur („Tür- und Angelgespräche", in Dienstbe-
sprechungen und Konferenzen, als Teil von Jahresgesprä-
chen),
- Anlass- und Konfliktgespräche,
- Fortbildungsplanung und -begleitung (ggf. im Zuge der
Jahresgespräche).

3.3 Projektförmige Veränderungsprozesse leiten – Praxisbeispiele von Organisations-Entwicklungs-Prozessen (OEP)

Immer wieder wird in der Kirchenkreisarbeit erkennbar,
dass sich – im Modell des Kybernetischen Dreiecks betrachtet – Kontexte oder auch Ressourcen der Kirchenkreisarbeit
so gravierend ändern, dass die notwendigen Veränderungen der Aufgaben des Kirchenkreises nicht mehr allein in
den kontinuierlichen Leitungs- und Führungsprozessen
umgesetzt werden können, sondern einen größeren kybernetischen Aufwand (Aufmerksamkeit, Recherche, Beratung,
Konzeptentwicklung, Umsetzung, Evaluation) erfordern. Im
Verlauf der Praxis mehrerer Organisationsentwicklungspro-
zesse im Kirchenkreis Burgdorf hat sich – bei allen themen-
bezogenen Abweichungen der jeweiligen Prozesse – folgen-
der Prozessablauf bewährt:

a. Vorbereitungsphase
- Der Kirchenkreisvorstand (KKV) sondiert innerhalb seiner Konzeptarbeit (mit mittel- und langfristiger Perspektive) Themenfelder, bei denen die Kirchengemeinden und/oder der Kirchenkreis vor besonders großen Herausforderungen stehen und die von besonderer Tragweite für die kirchliche Arbeit sind. Er priorisiert Themenfelder in inhaltlicher und zeitlicher Hinsicht, *trifft Entscheidungen für ein Themenfeld*, grenzt Themenfelder ab, beruft eine vorläufige Lenkungsgruppe.
- Eine vorläufige Lenkungsgruppe (max. 6 Personen, Teilnahme von Vertretern unterschiedlicher Beteiligtengruppen, Leitung liegt in Händen einer externen Moderation) entwirft ein *Prozessdesign* und stellt den Nutzen für die Kirchengemeinden und Einrichtungen dar.
- *Beschluss* im Kirchenkreistag über Durchführung des OEP nach Vorschlag des Prozessdesigns der vorläufigen Lenkungsgruppe. Berufung der Mitglieder der Lenkungsgruppe durch den Kirchenkreistag.

b. Arbeitsphase
- *Start-up-Veranstaltung* zur Sensibilisierung, Motivation und Akzeptanz des OEP mit breiter interner Kommunikationsarbeit und nach außen gerichteter Öffentlichkeitsarbeit. Der OEP muss von „Innovatoren" und „Früh-Überzeugten", aber auch von der Mehrheit der Mitarbeitenden getragen werden, so dass es nur wenig „Ablehner" gibt, die im Verlauf des OEP für den OEP gewonnen werden können, aber zumindest den von der Mehrheit beschlossenen OEP akzeptieren sollten[29]

---

29 Vgl. *EKD-Zentrum für Mission in der Region*, Veränderungsprozesse, insbesondere 10 f.

- *Wahrnehmung der Ist-Situation* unter Einbezug möglichst aller Beteiligten-Gruppen (sie sind jeweilige Experten auf ihrem Gebiet) durch Befragungen, statistische Erhebungen, SWOT-Analysen (Stärken, Schwächen, Chancen, Risiken) u. a., Bündelung der Ergebnisse
- *Wahrnehmung von Ideen und alternativen Modellen* in anderen Kirchenkreisen, aus der Literatur und einschlägigen Fachinstituten, Exkursionen, Expertenbefragungen, Vergleich mit eigener Arbeitsweise, Entwicklung alternativer Wege/Modelle auf dem Themenfeld mit Darstellung der Stärken und Schwächen, Chancen und Risiken
- *Bewertung* alternativer Modelle unter Einbindung der Beteiligtengruppen, ggf. weitere Bearbeitung der Modelle

c. Beschluss- und Umsetzungsphase
- *Beschluss* im Kirchenkreistag *zu Konsequenzen aus dem OEP*, zu Veränderungsprozessen, die in die kontinuierliche Leitungs- und Führungsarbeit aufgenommen werden, Evaluation des OEP, Feier der Ergebnisse in öffentlicher Veranstaltung, Öffentlichkeitsarbeit
- *Umsetzung* der Beschlüsse in der kontinuierlichen Arbeit der Kirchenkreis-Gremien, Controlling

In der Praxis hat sich eine *Prozessdauer* von ca. 18 Monaten (max. 24 Monate) bewährt. In einer solchen Zeit kann einerseits das Themenfeld umfassend bearbeitet und andererseits können die Spannung und Motivation gehalten werden.

Während des gesamten Verlaufes des OEP müssen die ehrenamtlich und beruflich Mitarbeitenden über den Verlauf sowie über die Zwischenergebnisse und Konsequenzen des OEP anschaulich informiert werden (in Konferenzen, durch einen „OEP-Brief", mittels eigener Internet-Seite mit Protokollen). Neben dieser *internen Kommunikation* ist die nach außen gerichtete *Öffentlichkeitsarbeit* wichtig, die sowohl nach außen wie nach innen wirkt.

Organisations-Entwicklungs-Prozesse im Kirchenkreis lassen sich auf verschiedene Themenfelder beziehen, wie die Beispiele der Organisations-Entwicklungs-Prozesse aus dem Kirchenkreis Burgdorf zeigen:

– *Gebäude- und Energiemanagement* (2005–2006): Ressourcen- und Kontextveränderungen: Geringere finanzielle Einnahmen, höhere Ausgaben, Optimierung der Immobiliennutzung, höheres Bewusstsein für geringere Emissionen von CO_2. Ziele: nur so viele Gebäude nutzen wie nötig, möglichst wenig Energie verbrauchen. Maßnahmen: Datenbank für Immobilien und Betriebskosten aufbauen und pflegen, Energiegutachten erstellen, Masterplan „Pfarrhäuser" in Abhängigkeit von Zustand und zukünftigem Dienstwohnungs-Bedarf erstellen, Sanierung und Aufgabe von Gebäuden priorisieren. Weiterarbeit im Bauausschuss des Kirchenkreistages und im Kirchenkreisamt.

– *Leitbildprozess „Gemeinden unterwegs"* (2007–2008):[30] Kontextveränderungen: Gemeindemitglieder und Öffentlichkeit erwarten profiliertes gemeindliches Angebot, ehrenamtlich Mitarbeitende wollen in attraktiver Gemeinde mitwirken, keine Gemeinde kann auf allen kirchlichen Arbeitsfeldern tätig sein, Selbstbegrenzungen sind nötig. Ziele: Jede Gemeinde ist sich ihres Profils bewusst und kennt die Leitbilder der umliegenden Gemeinden. Maßnahmen: Leitbildprozesse in jeder Gemeinde, die zur Unterstützung und gegenseitigen Beratung eingebettet sind in einen Gesamtprozess des

---

30 Vgl. <www.kirchenkreis-burgdorf.de/gemeinden-unterwegs.html>.

Kirchenkreises. Ergebnisse werden auf je zwei roll-ups dargestellt, die auch nachträglich genutzt werden können. Weiterarbeit in den Kirchenvorständen und regionalen Arbeitsgruppen.

- *Spiritualität und Gemeindeentwicklung* (2009–2010): Ressourcenveränderungen: Viele Mitarbeitende beklagen eine Arbeitsverdichtung sowie einen Aktionismus in der gemeindlichen Arbeit, dem es an geistlicher Orientierung mangelt. Ziel: Mitarbeitende und Gremien gewinnen geistliche Freiräume, die eine geistliche Fundierung von Entscheidungen über Ziele der Gemeindearbeit fördern. Maßnahmen: Kirchenkreis fördert organisatorisch und finanziell Oasentage, Klosteraufenthalte, Pilgertouren, Projekte der Alltagsspiritualität und „kollegiale" Beratungen zwischen Gemeinden und schafft Foren für den zwischengemeindlichen Austausch sowie externe Beratung. Weiterarbeit im Ausschuss für Gottesdienst und Gemeindeentwicklung des Kirchenkreistages.
- *Konzeptentwicklung für Kirchenkreis-Arbeit 2013–2017* (2010–2011):[31] Kontextveränderungen: Landeskirche verlagert mittels eines „Finanzausgleichsgesetzes" (FAG) wesentliche Kompetenzen (Aufteilung eines Gesamtbudgets auf Arbeitsgebiete, Stellenplanung) auf die Kirchenkreisebene und fordert eine Konzeptentwicklung nach einem vorgegebenen Muster (Grundstandards). Ziel: Konzept für Kirchenkreis, das vom Landeskirchenamt genehmigungsfähig ist und das von Mitarbeitenden im Kirchenkreis auf breiter Basis mit getragen wird. Maßnahmen: Partizipative Konzeptentwicklung durch die Lenkungsgruppe und Umsetzung der Ergebnisse durch die Ausschüsse des Kirchenkreistages.

---

31 Vgl. <www.kirchenkreis-burgdorf.de/kk-konzept-2013–2016.html>.

- *Verwaltung im Kirchenkreisamt* (KKA) (2011–2012): Kontextveränderung: Das Landeskirchenamt erwartet, dass bis 2012 eine Entscheidung darüber getroffen wird, dass das Kirchenkreisamt mit einem anderen vorgegebenen Kirchenkreisamt fusioniert oder sachliche Gründe dargelegt werden, dass eine andere Lösung gewählt werden soll. Ziel: Bis 2012 Entscheidung über die sachgemäße Form (Kriterien i.w.: fachliche Qualität, Wirtschaftlichkeit, Zufriedenheit der Mitarbeitenden in den Gemeinden) der Verwaltung im Kirchenkreis ab 2013. Maßnahme: Begutachtungs- und Beratungsprozess des KKA unter Leitung eines externen Unternehmens mit Ist-Analyse (quantitativ und qualitativ, inkl. Befragung über Zufriedenheit der Mitarbeitenden in den Gemeinden), Nutzwertanalyse verschiedener Szenarien. Weiterarbeit im Kirchenkreisamts-Ausschuss.
- *„Kitas unterwegs"* (2012–2014):[32] Ressourcen- und Kontextveränderungen: Viele Neugründungen von Krippen, gesteigerte (religions-)pädagogische Erwartungen der Eltern, steigender Aufwand für Träger (Kirchenvorstand und Pfarramt), nicht ausreichende finanzielle und personelle Ausstattung, Kommunikationsstörungen zwischen Trägern (Kirchenvorständen), Kommunen und Verwaltung im Kirchenkreisamt, Kostendruck durch Veränderungen auf dem Kita-Markt. Ziel: Beste Organisationsstruktur in „geteilter Verantwortung" zwischen Kirchengemeinden, Kommunen und Kirchenkreis (inkl. Frage der Trägerschaft auf Ebene der Kirchengemeinde, des Kirchenkreises oder eines Verbandes) für optimale Kita-Arbeit finden und umsetzen. Maßnahmen: Ist-Analyse, Entwickeln von Alternativen, Bewertung, Beschluss

---

32 Vgl. <www.kirchenkreis-burgdorf.de/Kitas-unterwegs.html>.

über strukturelle Veränderungen im Kirchenkreistag. Weiterarbeit im Ausschuss für Arbeit mit Kindern des Kirchenkreistages.

– *Regionalentwicklung* (geplant für 2014–2015): Ressourcen- und Kontextveränderungen: Zum einen werden den Kirchengemeinden ab 2017 vorraussichtlich geringere finanzielle Ressourcen zur Verfügung stehen, so dass Sparmaßnahmen und Veränderungen bei Arbeitsbereichen unter Pastoren/innen und Diakonen/innen notwendig werden, die nicht allein durch gemeindliche Veränderungen umgesetzt werden können. Zugleich sollen kirchliche Regionen an sozialräumliche Entwicklungen angepasst werden und dort missionarisch wirken. Ziel: Für die Konzeptarbeit ab 2015 (für den Planungszeitraum 2017–2021) steht ein Modell für Inhalte und Strukturen der Regionen im Kirchenkreis zur Verfügung, das von einer breiten Mehrheit der Mitarbeitenden getragen wird. Maßnahmen: Ist-Analyse, Verständigung darüber, was eine Region ausmachen kann, wie sie inhaltlich und organisatorisch erfolgreich arbeiten kann, ggf. Zuschnitte der Regionen neu erarbeiten. Weiterarbeit in der Konzeptentwicklung für 2017–2021.

4. Zusammenfassung und Ausblick

Kirche ist eine sich verändernde Kirche. Die Anwendung des *Kybernetischen Dreiecks* in der Leitungsarbeit, mit dessen Hilfe die Veränderungen im gesellschaftlichen Kontext sowie die Veränderungen der Ressourcen der Kirche sichtbar gemacht werden können, kann dazu verhelfen, den Auftrag der Kirche immer wieder neu auf den jeweiligen Kontext und auf die jeweiligen Ressourcen zu beziehen und damit zu konkretisieren: Die *Wahrnehmung des gesellschaftlichen Kontextes* verhindert, dass sich Kirche vorwiegend selbstbezüglich verändert und damit an Relevanz verliert. Die *Wahrnehmung der eigenen Ressourcen* verhindert, dass diese Ressourcen entweder nicht ausgeschöpft oder überbeansprucht werden, so dass die geplante Arbeit nicht hinreichend entwickelt wird oder nicht in geplantem Maß umsetzbar ist oder auch dass Mitarbeitende unter Unterforderung oder Überbeanspruchung leiden. Die *Wahrnehmung des Auftrags* gibt der Aufgabenbestimmung der Kirche, bezogen auf die konkret vorhandenen Ressourcen und den gesellschaftlichen Kontext die grundsätzliche Orientierung.

Veränderungsprozesse können anhand dieses Modells des Kybernetischen Dreiecks in der *kontinuierlichen Arbeit der Leitung kirchlicher Organisationen* und der *kontinuierlichen Mitarbeitenden-Führung* angewandt werden wie auch in *projektförmigen Organisations-Entwicklungs-Prozessen*. Die an das St. Galler Management-Modell angelehnten Ausführungen zur Struktur und zu Prozessen im Kirchenkreis legen dar, wie Veränderungsprozesse der Kirche auf der Ebene eines Kirchenkreises in Abgrenzung zu solchen Prozessen auf den Ebenen der Kirchengemeinden und der Landeskirche konkret werden können.

Auch wenn die grundsätzlichen kybernetischen Überlegungen auf jeder Ebene kirchlichen Handelns gelten, ist deutlich, dass die Ebene des Kirchenkreises aufgrund ihrer Nähe zur Praxis der kirchlichen Primärprozesse und zugleich den Möglichkeiten gemeinde-übergreifenden Wirkens prädestiniert dafür ist, Veränderungsprozesse der Kirche anzustoßen und zu leiten.

Hubertus Schönemann

Große Seelsorgeräume – differenzierte pastorale Orte als Knotenpunkte eines Netzwerks

Zu Chancen und Herausforderungen der pastoralen Neuordnung in der katholischen Kirche in Deutschland

„In der gegenwärtigen Entwicklung der menschlichen Ereignisse, durch welche die Menschheit in eine neue Ordnung einzutreten scheint, muss man viel eher einen verborgenen Plan der göttlichen Vorsehung anerkennen. Dieser verfolgt mit dem Ablauf der Zeiten, durch die Werke der Menschen und meist über ihre Erwartungen hinaus sein eigenes Ziel, und alles, auch die entgegengesetzten menschlichen Interessen, lenkt er weise zum Heil der Kirche." Dies formulierte Papst Johannes XXIII. in einer Rede am 11. Oktober 1962 zur Eröffnung des Zweiten Vatikanischen Konzils. Ihm war wichtig, dass die römisch-katholische Kirche gleichsam die Fenster zur Welt öffnete und eine Verheutigung des Gottesglaubens (Aggiornamento) in einer sich wandelnden Gesellschaft vollzog. Heute – 50 Jahre nach dem Beginn dieses Konzils – scheinen die damaligen Fragestellungen insbesondere in der religiös plural und zunehmend säkular gewordenen Situation Deutschlands in ihrer fundamentalen Bedeutung erst richtig erkannt zu werden. Globalisierung und Modernisierung deuten an, dass die Kirche in einer kulturellen Zeitenwende neue Handlungsmodelle erlernen und neue Sozialgestalten bilden muss, um ihren Auftrag, das Evangelium in dieser Welt zu leben und zu bezeugen und immer wieder auf die auch außerhalb der Mauern der Kirche (vermittelte) Präsenz Gottes hinzuweisen, zu erfüllen. Prozesse dieser Art werden derzeit in den beiden großen Kirchen in Deutschland unter dem Paradigma *Evangelisierung* und *Missionarische Pastoral* versucht. Es geht dabei also weniger um ein quantitatives Werben um Mitglieder, ohne sich selbst als Kirche in Abläufen, Strukturen und Ästhetik ändern zu müssen, sondern um ein qualitativ neues Kirchesein, das durch seine Art und Weise in der Lage ist, die Präsenz des Evangeliums bei sich und bei anderen zu entdecken und zur Darstellung zu bringen, es zu feiern und so Gottes Heilswillen für alle Menschen Raum und Gestalt zu geben. Gegenüber der einschlägigen und defizienzorientierten Vorstellung, dass das Evangelium im Sinne eines „Kompendiums" alleiniger Besitz der Kirche sei, das sie denen zukommen lassen müsse, die es (noch) nicht hätten, entwickelt sich seit längerem ein Verständnis des Missionarischen, das danach fragt, wie in der kreativen Begegnung von Existenz und Evangelium (Rainer Bucher) von Gott her etwas Neues, oft genug Unerwartetes geschieht, worin Gott sich selbst und sein Angebot zur Gemeinschaft des Menschen mit ihm und der Menschen untereinander zeigt (Missio Dei). Bei allem kirchlichen und pastoralen Tun, Planen und Verändern ist grund-legend, dass Gott selbst und allein Glauben schenkt und Er Menschen in seine Nachfolge beruft und seine Kirche auferbaut.

In den meisten Bistümern der römisch-katholischen Kirche in Deutschland wurden und werden, nachdem in den 90er Jahren erste Versuche mit „kooperativer Seelsorge" über die Grenzen von Kirchengemeinden hinaus gemacht wurden, derzeit größere pastorale Räume gebildet. Dies geschieht – etwas vereinfacht schematisiert – in drei kirchenrechtlich unterschiedlichen Modellen: Ein Pfarreienverbund regelt die Zusammenarbeit rechtlich selbständiger Pfarreien mit je entsprechend reduziert zugeordnetem Seelsorgepersonal. Ein zweites Modell, das eher in süddeutschen Diözesen mit historisch gewachsenen kleineren Pfarrgemeinden und in ländlichen Regionen realisiert wird, ist die Pfarreiengemeinschaft (Seelsorgeeinheit), bei der selbstständige Pfarreien einen gemeinsamen priesterlichen Leiter mit einem entsprechend zentralen Team haben, die Mitverantwortungsgremien jedoch vor Ort verbleiben. Ein drittes Modell, eher in größeren Städten und den Bistümern Norddeutschlands verfolgt, ist die kirchenrechtliche Errichtung neuer Großpfarreien, die dann mehrere ursprünglich selbstständige Pfarreien zu „Gemeinden" (so oft der unterscheidende Sprachgebrauch) der neuen Pfarrei macht. Vordergründig werden zumeist der Mangel an Priestern, hauptberuflichem Seelsorgepersonal und Finanzen sowie der Rückgang an Gläubigen (demografischer Faktor) als Begründung angeführt. Dies entspräche einer vermuteten Krise der Institution, auf die man mit einer Anpassung der Strukturen in einer Fortsetzung der herkömmlichen pastoralen Logik einer priester- und liturgiefixierten „Versorgungs- und Betreuungspastoral", also einem Downsizing oder einer Fortsetzung des Hergebrachten auf größerem Territorium und mit verringerten Ressourcen antwortet. Die Erfahrungen zeigen, dass dort, wo dieses alte Verständnis beibehalten wird und auf größerem Territorium ein „Business-as-usual" beibehalten wird, die Belastungen an die Einzelnen steigen und oft der Kollaps oder der Burnout kurz bevorstehen: keine gute Situation für eine Kirche, die auf die gnadenhafte Barmherzigkeit und Gütigkeit Gottes und seine Zuwendung zu allen Menschen, die zu einem Leben in Fülle führen soll, transparent sein soll. Die Strukturveränderungen haben also nur dann Sinn, wenn dadurch auch ein neues Denken

Raum gewinnt und sich neue Weisen des Kircheseins ausbilden können. Hintergründig – und auch gewollt – wird
damit also eine neue Sozialgestalt der Kirche „eingeläutet",
die den soziologisch wahrnehmbaren Wandel der Gesellschaft zugrunde legt und darauf antwortet. Die „Pfarrgemeinde" als Ergebnis des als Reaktion auf die Bismarck-Ära
herausgebildeten „katholischen Milieus" (ca. 1850–1960)
und der Gemeindetheologie im Anschluss an das II. Vatika-
nische Konzil als quasi-monopolistischer Begegnungsraum
mit Gott erreicht in der „multiplen Moderne" (Karl Gabriel)
immer weniger Menschen und geht institutionell ihrem
Ende entgegen. Die Auflösung der konfessionellen Milieus
und die Verdunstung traditionell-kirchlicher Formen des
Glaubensausdrucks (Entkirchlichung) ist in vollem Gange.
Das absehbare Ende der Gemeindetheologie mit ihrem
Monopolanspruch des Christlichen, mit ihrer familialen,
vereinsmäßigen und aktivitätsorientierten Gestalt („Wer
mitmacht, erlebt Gemeinde"), führt derzeit dazu, dass viele
Pfarrgemeinden sich in ihrer Ästhetik und ihren Abläufen,
ihrer Sprache und ihren Mitgliedschaftsstrukturen immer
stärker von den sich stetig verändernden gesellschaftlichen
Plausibilitäten entfernen (Exkulturation).

Einer zunehmenden Individualisierung (Biografisierung)
und Pluralisierung entsprechen nämlich gesellschaftlich eine
zunehmende Differenzierung von gesellschaftlichen Milieus
und eine erhöhte soziale und geografische Mobilität. Der
soziologisch beschreibbare Lebensraum ist nicht mehr traditional und vereinheitlicht (damit überblickbar und gestalt-
bar), sondern stellt sich in der Modernisierung als „verinsel-
ter" (Michael N. Ebertz) Lebensraum dar. Leben findet nur
noch im Plural statt. Der Aktionsraum von Individuen ist also
je individuell „konstruierter" (Sozialbeziehungen, Themen,
Symbole, Kommunikation ...) und profilierter Raum ständiger

Grenzüberschreitungen in einer Vielfalt von Identitäts- und Sinnstiftungsangeboten (Markt). Die neuen Seelsorgeräume tragen diesen Veränderungen aber nur dann Rechnung, wenn hier auch eine neue Form von Pastoral eingeübt wird: Eine von oben nach unten geplante, konzeptionierte und kontrollierte Pastoral ist längst schon obsolet und müsste dringend abgelöst werden durch eine Pastoral, die mit dem Gemeinsamen Priestertum aller Gläubigen (das auch die katholische Kirche kennt als die durch die Taufe vermittelte Teilhabe der Gläubigen an den Ämtern Christi: des Priesters, Propheten und Königs) ernst macht und von den Situationen und den geistlichen Gaben (Charismen) der beteiligten Menschen vor Ort ausgeht. Dies setzt einen Paradigmenwechsel der Seelsorge und damit den Wandel in den Rollen von „Ehrenamtlichen", Hauptberuflichen und geweihten Amtsträgern voraus. Der Geweihte ist nicht der Allmächtige und Allzuständige, sondern wird zukünftig seinen Dienst in der Auferbauung und Begleitung der Charismen der Gläubigen sehen. Dies erhöht insgesamt die Anforderungen an Kommunikation und an motivierende und auch geistliche Leitungskompetenz. Die große Pfarrei hält die Herausforderung aufrecht, dass das Evangelium (damit Gottes Wirken) sich auch außerhalb der Mauern enger, als Vereine gestalteter Kirchengemeinden vollzieht. Danach ist aber (mit allen Menschen guten Willens: Glaubenden, Andersglaubenden und Nichtglaubenden) zu suchen und sich dafür zu öffnen. Hebammen und Fährtenleser sind gefragt.

Die große Pfarrei entwickelt sich so vom flächendeckenden Seelsorgepaternalismus zu einem Netzwerk verschiedener von Glaubenden organisatorisch und spirituell getragener „pastoraler Orte" (Knotenpunkte), die sich unterschiedlich „profilieren" können. Dabei sind sicher die Gemeinden oder Kirchorte wichtige Orte. Selbst wenn dort nicht die Fülle kirchlichen Lebens realisiert wird, ist zu fragen, in welcher Weise der Glaube vor Ort lebendig bleiben kann. Nicht jede Gemeinde vor Ort muss alles „anbieten". Es entwickelt sich neben einem „Grundangebot" gemeindlich-christlichen Lebens so etwas wie eine Differenzierung. Die Fragen, wie Nähe des Glaubens vor Ort gelebt werden kann und wie lebendige Glaubenszellen gestaltet und erhalten werden können, werden exemplarisch von den Erfahrungen des französischen Bistums Poitiers in die pastoraltheologische Diskussion eingebracht. Dort sind es pastorale Teams von beauftragten Getauften, die als Bezugspersonen die Gemeinde vor Ort organisieren und tragen und die Verbindung zum größeren *secteur pastorale* sichern. Der Priester versteht sich unterstützend als *prêtre moderateur* oder *animateur*. Eine solche „Pastoral des Rufens" (Hadwig Müller) wagt Vertrauen und nimmt die Berufung der Getauften für kirchliches Leben und Zeugnis ernst. Im Blick ist immer auch der Lebensraum, an dem der Glaube in der Nähe (*proximité*) gelebt werden kann. Anregungen gibt es auch aus den sog. *Small Christian Communities* (Kleine Christliche Gemeinschaften), deren Praxis aus Afrika und über Asien nach Deutschland kommt. Dabei geht es darum, dass Menschen ihre Verantwortung und Würde als Kirche in ihrem persönlichen sozialen Lebensumfeld entdecken und sich in Gebet und im Teilen von Leben, Glauben und Heiliger Schrift (Bibel teilen) als Kirche erfahren. Sie sind jedoch nicht als Substrukturen für groß gewordenen Seelsorgeverbände „einzuführen" und „aufzubauen", sondern sie sind Kirche, die sich vor Ort als Basisgemeinschaft entwickelt, und verkörpern so eine spezifische Ekklesiologie. Entsprechende Versuche werden derzeit neben den Bistümern Graz und Hildesheim („Lokale Kirchenentwicklung") auch im Bistum Magdeburg mit dem Projekt „Vor Ort lebt Kirche" (VOLK) verfolgt. Dort sind es Kleine Örtliche Gemeinschaften (KÖGs), die nachbarschaftlich zusammenkommen und christliche Gemeinschaft miteinander leben. Oft genug sind hier Menschen über die Grenzen von Konfession und Religion hinaus integriert.

Darüber hinaus kommen neue Orte in den Blick: Einrichtungen wie Schulen, Kindertagesstätten, Krankenhäuser und andere Sozialeinrichtungen, Akademien und Bildungshäuser, Ordensniederlassungen, Geistliche Gemeinschaften, in denen sich Menschen gemeinsam auf die Suche nach dem Evangelium machen und Gott erfahren werden kann. In Duisburg wurde ein zum Gottesdienst nicht mehr benötigter Kirchenraum zur Caritaskirche umgebaut, in der nun Begegnung und Bildung für Menschen stattfinden kann. Eine zur Grabeskirche in Aachen umgewidmete Kirche bietet nun nicht nur die Möglichkeit der alten kirchlichen Tradition, sich im oder im Umkreis des Gotteshauses bestatten zu lassen (Kolumbarium). Hier entwickelt sich um die Grabeskirche herum ein pastoraler Schwerpunkt der Trauerpastoral und Trauerbegleitung. Eine Schule versucht als „neuer pastoraler Ort" mit Schülern, Lehrern und Eltern einen spezifischen Ort des Glaubens zu bilden. Dies ist dann nicht nur auf die Rolle als „Frischfleischlieferant" für die Sonntagsgottesdienste oder die Jugendarbeit des Gemeindepfarrers zu reduzieren, sondern hat seinen eigenen Wert als „Ort" der Relecture des Evangeliums. Citypastorale Projekte und Prozesse (Events) wie Wallfahrten, Pilgerwege, Stadtkirchentage, Nacht der Kirchen, Exerzitien in der Stadt usw. zeigen, dass Kirche auch in ihrer prozesshaften und fluiden Dimension die lokale Dimension ergänzt. Es werden sich in einem solchen größeren System neue Gottesdienstmodelle entwickeln, die ein angemessenes Verhältnis von Eucharistiefeier (Abendmahl) und unterschiedlichen nicht-eucharistischen Gottesdienstformen vor Ort (Stunden- und Tagzeitenliturgie, Gebet, Andachten, Segnungsfeiern und andere liturgische Feierelemente mit „Fernstehenden") mit sich bringen. Es wird deutlicher werden, dass jede liturgische Feier im Pascha-Mysterium der Hingabe Christi wurzelt und damit auf die Eucharistie hingeordnet ist. Es wird der Zusammenhang von Lebensraum, Sozialraum und seinen prekären Situationen und Herausforderungen mit dem Glauben deutlicher zutage treten und damit die Gefahr, die „Armen" bei einem spiritualisierten und katechetisch-kerygmatisch eng geführten Glaubensvollzug zu vergessen. Ebenso werden neue Modelle von Leitung und Mitverantwortung probiert und weiterentwickelt werden.

Es geht also bei den größeren pastoralen Räumen nicht um ein weiteres Absichern bisheriger kirchlicher Lebensvollzüge oder um weitere Verwaltung des „Überkommenen", sondern um eine tatsächlich gestaltete qualitative Erneuerung von Pastoral und Kirche. Dazu müssen auch (unbewusste) Partizipations- und Aktivitätsmuster überprüft und neue, in Dauer und Intensität vielleicht ungewohnte Mitgliedschaftsverhältnisse ernst genommen werden. Ziel ist es immer, Menschen mit dem lebendigen Gott in Verbindung zu bringen bzw. die Dimension Gottes, der bereits präsent ist, zum Vorschein zu bringen. Eine solch differenzierte Pastoral wird auf gegenseitige Kenntnis und Transparenz, gute Kooperation und auf ein gegenseitiges konkurrenzloses Verweisen angewiesen sein. Auf der größeren Ebene der Pfarrei wird die größere Weite des christlichen Glaubens mit einer größeren Vielfalt an Stilen und Angeboten deutlicher als bisher Gestalt annehmen. Prozesse der Ausbildung und Begleitung von ehrenamtlichen Diensten sowie Glaubenskurse und Aktionen kulturell-politischer Teilhabe können auf der größeren Ebene realisiert werden. Noch sind diese Gedanken weitgehend Zukunftsmusik. Es ist den Christen und der

Kirche jedoch verheißen, dass der Geist Gottes sie nicht im Stich lässt und in ein neues verheißenes Land herausführt (vgl. Gen 12).

Literaturhinweise

Sekretariat der *Deutschen Bischofskonferenz* (Hg.), „Mehr als Strukturen ..." Orientierung der Pastoral in den (Erz-)Diözesen (Arbeitshilfen Nr. 217), Bonn 2007.

Sekretariat der *Deutschen Bischofskonferenz* (Hg.), „Mehr als Strukturen ..." Entwicklungen und Perspektiven der pastoralen Neuordnung in den Diözesen. Dokumentation des Studientages der Frühjahrs-Vollversammlung 2007 der Deutschen Bischofskonferenz, Bonn 2007 (Arbeitshilfe Nr. 213).

Matthias *Sellmann* (Hg.), Gemeinde ohne Zukunft? Theologische Debatte und praktische Modelle, Freiburg 2013.

Andreas *Unfried* (Hg.), XXL-Pfarrei. Monster oder Werk des Heiligen Geistes, Würzburg 2012.

Hans-Tjabert Conring

Kirchenrecht überschreitet mit Recht Grenzen

Kirchenrecht als Anatomie einer Organisations-persönlichkeit und als Werkzeugkoffer für Qualitätsarbeit

1. Mit Recht Ökumenische Gemeindeerneuerung 1965 bis 2006

„In den Kirchen Amerikas z. B. schlägt sich das zwangsläufig nieder im Ruf nach einer Vermehrung der Mitgliederzahl; in den europäischen Volkskirchen erwartet man vom missionarischen Vorstoß der Kirche die Rückgewinnung verlorenen kirchlichen Geländes und die Vermehrung ‚aktiver' Gemeindeglieder, d. h. eine vermehrte Teilnahme getaufter Christen an den Veranstaltungen der Ortsgemeinde. Die Kirche treibt also Mission, damit mehr Kirche werde. [...] Demgegenüber spricht die ökumenische Diskussion von der Mission Gottes (missio dei), von der Wirklichkeit des ‚missionarischen Gottes'. Er ist es, der missionarisch handelt. [...] Solange wir nur davon reden, dass die Kirche Mission treibt, und nicht davon ausgehen, dass die Mission der Kirche lediglich der Mission Gottes folgt, so lange werden wir das Entscheidende versäumen, nämlich den missionarischen Auftrag der Kirche von Gottes Mission in Christus her zu formulieren. Unser Auftrag gestaltet sich von Gottes Werk her (Phil 2,5 [...]). Unser Ziel kann nicht verschieden sein von dem, das er gesteckt hat (Eph 1,9–10 [...]). Und schließlich wird die Kirche niemals übersehen dürfen, dass sie Gestalt und Ziel dieser Mission nur verwirklichen kann, wenn sie bereit ist, ein Werkzeug Christi zu sein, das für seine Mission durch den Geist Gottes geformt wurde."[1]

Dieses Zitat stammt aus dem Jahr 1965. Es ist ein Text aus der Ökumene, der wir viel verdanken.[2] Er bezieht Theologie und Organisation aufeinander und stellt deshalb den roten Faden für uns dar. Wir denken Theologie und Organisation oder Kirche und Organisationsrecht meist getrennt. Wir wollen gemeinsam entdecken, wie gut beides zusammenpasst.

Dietrich Werner hat den roten Faden 1992 aufgenommen.[3] Von seinen vier mal sieben Anregungen[4] weise ich auf

---

1 Colin W. *Williams*, New York April 1963, „Was heisst Mission?" Abschnitt I., in: Hans Jochen *Margull, (Hg.)*, Mission als Strukturprinzip. Ein Arbeitsbuch zur Frage missionarischer Gemeinden, ÖRK Genf 1965, 25.

2 Vgl. Arnoldshainer Abendmahlsthesen, Leuenberger Kirchengemeinschaft und eben die ökumenische Gemeindeerneuerung.

3 Dietrich *Werner,* Missio Dei in unserem Land – Ökumenische Gemeindeerneuerung. Vier mal sieben Anregungen durch die ökumenische Missionstheologie, in: PTh 81 (1992), 292–312; vgl, ferner: *ders.*, Mission für das Leben – Mission im Kontext. Ökumenische Perspektiven missionarischer Präsenz in der Diskussion des ÖRK 1961–1991, Rothenburg 1993.

4 I. Situation: 1. Zukunftsperspektiven radikaler Diasporaexistenz, 2. Ende der kulturgestützten Christenheit, 3. Perfektionierung der Dienstleistungskirche als Sackgasse, 4. Stagnation der institutionellen Ökumene bei Nivellierung der konfessionellen Profile, 5. Kulturelle Ghettoisierung der Gemeinde, 6. Rezeptiver Ökumenismus, 7. Grenzen psychosozialer Belastbarkeit mit apokalyptischen Szenarios, II. Auftrag: 1. Gemeinde als Zeichen der Missio Dei, 2. Mission als Grenzüberschreitung und Teilen des Lebens, 3. Mission als Umkehr. Integration von missionarischem und konziliarem Prozeß, 4. Mission als Parteinahme – Gemeinde als Anwalt und Hoffnung der Schwachen und Sprachlosen in der Gesellschaft, 5. Mission und Dialog – die vier Kreise gemeindlicher Ökumenizität, 6. Mission als Partizipation am Heiligen Geist – Kommunikation der Charismen, 7. Mission als Transformation – Mitarbeit an einer über-

eine Auswahl hin: kulturelle Ghettoisierung der Gemeinde, Mission als Grenzüberschreitung, an der Katholizität Anteil gewinnen. Zwanzig Jahre sind diese Themen alt, aber sie wirken wie neugeboren.

Der rote Faden taucht auch im Impulspapier der EKD (2006) wieder auf. Die vorangestellten vier Grundannahmen[5] denken Organisation und Theologie zusammen. Nichts daran ist neu, fast alles ist auch heute noch stimmig. Freilich ist die institutionelle „Inkubationszeit" erstaunlich lang.

Unser Thema ist nicht neu, aber doch hinreichend komplex, um nicht langweilig zu wirken. Um heute etwas Sinnvolles beizutragen, will ich einige grundsätzliche Einordnungen vornehmen. Dabei muss ich Vereinfachungen wagen, die den Sinn einer didaktischen Verdaulichkeit haben sollen. Wir bleiben aber anspruchsvoll, deswegen will ich es mit dem Albert Einstein zugeschriebenen Motto halten:

---

lebensfähigen Gegenkultur, III. Praktische Ziele: 1. An der Katholizität des Leibes Christi Anteil gewinnen, 2. Stadtteilbezogen denken, planen und handeln, 3. Alles gemeinsam tun, was nicht zwingend noch getrennt getan werden muß, 4. In ökumenischen Mitarbeitendenaustausch und Gemeindepartnerschaft investieren, 5. Mit Gemeinwesen- und Solidaritätsgruppen kooperieren, 6. Spiritualität elementarisieren – sprachfähig werden im Glauben, 7. Einen Rhythmus der Vernetzung finden, IV. Praktische Schritte: 1. Ökumenische Gemeindeanalyse, 2. Ökumenischer Fürbittenkalender für die Region oder den Stadtteil, 3. Ökumenische Visitation, 4. Liturgien der Hoffnung und des Widerstandes, 5. Sonntage der Gastfreundschaft, 6. City-Kirchen als ökumenische Zentren, 7. Lokale ökumenische Christenräte.

5 In der von Bischof Huber verfassten Einführung zu dem EKD-Impulspapier Kirche der Freiheit (2006) werden vier Grundannahmen benannt: (1) Geistliche Profilierung statt undeutlicher Aktivität, (2) Schwerpunktsetzung statt Vollständigkeit, (3) Beweglichkeit in den Formen statt Klammern an Strukturen und (4) Außenorientierung statt Selbstgenügsamkeit.

„Mache die Dinge so einfach wie möglich –
aber nicht einfacher" (Albert Einstein).

Der Slogan „Schwerpunktsetzung statt Vollständigkeit" zum
Beispiel ist anspruchsvoller als es auf den ersten Blick wirkt.
Es braucht dazu gemeinsame Vergewisserung. Ich muss dar-
auf vertrauen dürfen, dass andere meine Arbeit ergänzen.
Arbeitsteilung heißt auch, gemeinsam die Arbeit planen. Die
Ressourcen wollen realistisch eingeschätzt werden und die
Risiken müssen in den Blick kommen.

2. Mit Recht Grenzen überschreiten

Der barmherzige Samariter birgt grenzüberschreitende
Erkenntnis. Es geht um Theologie und Recht und um Kommunikation[6]. Wir kennen die Geschichte alle und könnten
sie ohne Blick in die Bibel wohl auch aus dem kulturellen
Gedächtnis zu Tage fördern. Wir sehen den „Diakonieklas-

---

6 Der Streit zwischen den Begriffsformen Verkündigung oder Kommunikation des Evangeliums ist nicht Gegenstand dieser Untersuchung. Vgl. dazu
   nur: Ernst *Lange*, Aus der „Bilanz 65", in: *ders.*, Kirche für die Welt, Aufsätze
   zur Theorie kirchlichen Handelns, hrsg. u. eingeleitet von Rüdiger Schloz,
   München 1981, 63–160 (101), hier zitiert nach: Christian *Grethlein*, Praktische Theologie als Theorie des Kommunikation des Evangeliums in der
   Gegenwart. Ein Prospekt, in: Theologische Literaturzeitung 137 (2012) 6,
   Sp. 623–640 (628 mit Fußnote 41): „Wir sprechen von Kommunikation des
   Evangeliums und nicht von ‚Verkündigung' oder gar ‚Predigt', weil der Begriff das prinzipiell Dialogische des gemeinten Vorgangs akzentuiert und
   außerdem alle Funktionen der Gemeinde, in denen es um die Interpretation des biblischen Zeugnisses geht – von der Predigt bis zur Seelsorge und
   zum Konfirmandenunterricht – als Phasen und Aspekte ein- und dessel-
   ben Prozesses sichtbar macht."

siker" (Luk 10,30–35), der uns auch in Grußworten mit didaktischer Absicht begegnet.

Aber wir sehen noch mehr. Die Geschichte hat eine Rahmenhandlung (Luk 10,25–29 und 10,36–37). In diesem Rahmen erscheint die Geschichte anders. Jesus wird von einem geschulten Rechtsgelehrten[7] befragt: „Meister, was muss ich tun, dass ich das ewige Leben ererbe?" Und Jesus antwortet wie ein Jurist: „Ein Blick ins Gesetz erleichtert die Rechtsfindung" oder in der Luther-Übersetzung: „Er aber sprach zu ihm: Was steht im Gesetz geschrieben? Was liest du?" (Luk 10,26). Daraufhin bietet der Rechtsgelehrte eine korrekte Antwort mit Gesetzeszitat und Fundstelle[8], und Jesus schließt den Lehrdialog mit dem Hinweis, den Worten Taten folgen zu lassen: „Du hast recht geantwortet; tu das, so wirst du leben" (Luk 10,28).

So einfach gibt der Rechtsgelehrte aber nicht auf, und er fragt jetzt nach der Bedeutung des Wortes „Nächster". Er möchte also eine Definition des Tatbestandsmerkmals „Nächster" haben. Darauf antwortet Jesus mit einer erläuternden Fallgeschichte, er betreibt Kasuistik.

Die Ausgangsfrage war also nicht: „Wie begründe ich diakonisches Handeln?", sondern: „Wie erlange ich das ewige Leben?"[9]. Und Jesus geht methodisch sorgfältig vor, er findet in der Rechtsmethode Anschluss an seinen Gesprächspart-

---

7 Das Alte Testament ist in vielfacher Hinsicht ein Rechtsbuch. Vgl. dazu nur: Hans Jochen *Boecker*, Redeformen des Rechtslebens im alten Testament, Neukirchen-Vluyn 1964.

8 Luk 10,27: „Er antwortete und sprach: ,Du sollst den Herrn, deinen Gott, lieben von ganzem Herzen, von ganzer Seele, von allen Kräften und von ganzem Gemüt, und deinen Nächsten wie dich selbst' (5Mose 6,5; 3Mose 19,18)".

9 Inwieweit dahinter eine gemeinsame Frage steht, kann hier nicht untersucht werden.

ner und überschreitet die Grenze zum anderen, nicht verletzend, sondern verstehend.

Am Ende kommt die berühmte doppelte diakonische Wendung, Subjektorientierung und ex-post-Perspektive.[10] Beides macht die Anwendung des Begriffs „Nächster" nicht einfacher, sondern höchst anspruchsvoll. Hier wird jedenfalls kein simples Anwenderprogramm gestrickt, und angesichts der Rahmenfrage leuchtet das auch ein.

Das Handwerkszeug der Juristen und der Theologen ähnelt sich. Beide Disziplinen arbeiten mit Texten, die interpretationsbedürftig sind. Beide greifen mit diesen Auslegungen in das Leben der ratsuchenden Menschen ein. Deshalb ist Sorgfalt und methodische Transparenz wichtig.

Bei beiden Disziplinen geht es um den Sitz im Leben[11]. Der Kontext spielt eine Rolle und ohne Kontext wird das Orientierungswissen abstrakt, im schlechten Fall ideologisch und damit jedenfalls missverständlich. Ein Beispiel dafür kann auch die Geschichte vom barmherzigen Samariter sein.

3. Mit Recht Organisation verstehen (Kirche als Organisationspersönlichkeit)

Die Idee der Organisationspersönlichkeit lebt vom Vergleich des Charakters einer Organisation mit der Persönlichkeit eines Menschen. Organisationen wie Menschen sind schwer zu verstehen. Das liegt auch an ihrer Mehrdeutigkeit, der

---

10 Luk 10,36: „Wer von diesen dreien, meinst du, ist der Nächste gewesen dem, der unter die Räuber gefallen war?"

11 Der Begriff „Sitz im Leben" wurde vom Alttestamentler Herman Gunkel geprägt, um die formgeschichtliche Herkunftsumgebung eines Textabschnittes als Interpretationshilfe zu nutzen.

Sinnvarianz und Deutungsoffenheit – kurz an ihrer Komplexität.[12] Der Blick auf eine so unsichere Angelegenheit verlangt eine gehörige Portion Ambiguitätstoleranz[13].

Zwei Beispiele dienen der Verdeutlichung: Bilder einer Organisationspersönlichkeit[14] und Geschichte der Organisations-Persönlichkeit.

a) Bilder einer Organisationspersönlichkeit

Eine von der EKD beauftragte Untersuchung zur Leitungsstruktur der Westfälischen und Kurhessischen Kirche hat diesen Ansatz genutzt und auf Kirche angewandt. Es wurden drei Metaphernstränge verglichen. Maschine, Familie

---

12 Vgl. dazu beispielsweise: Isolde *Karle*, Pfarrerinnen und Pfarrer zwischen Interaktion und Organisation, in: Isolde *Karle (Hrsg.)*, Kirchenreform. Interdisziplinäre Perspektiven, Leipzig 2009, 178–198 (183): „Das Impulspapier der EKD überschätzt die Steuerungsmöglichkeiten der Organisation Kirche dabei eklatant."

13 Vgl. Geert *Hofstede*/Gert Jan *Hofstede*: Cultures and Organizations. Software of the mind. Intercultural Cooperation and its importance for survival, rev. and expanded 2nd Edition 2005, chapter 5 „What is different is dangerous" 163–205; vgl. ferner: Fritz *Simon*, Einführung in die systemische Organisationstheorie, Heidelberg, 2007, 12.Kaptiel „Paradoxie der Organisation" 117–122.

14 Gareth *Morgan*, Images of Organization, 1986. Die Idee, Metaphern zu nutzen, um etwas über Organisationen zu erfahren und auszusagen stammt von Gareth Morgan. Nach der Übersetzung seines Buches ins Deutsche haben diese Gedanken Eingang in die deutsche Organisationsentwickler-Szene gefunden. Morgan beschreibt acht unterschiedliche Metaphern und ihren organisationsanalytischen Nutzen. Er entfaltet die Perspektive von acht unterschiedlichen Bildwelten, um eine Organisation zu verstehen. Organisationen als Maschinen, als Organismen, als Gehirne, als Kulturen, als politische Systeme, als psychische Gefängnisse, als Fluss und Veränderung sowie als Instrumente der Herrschaft.

und Netzwerk. Jede Organisation kann im Lichte dieser drei Metaphern gedeutet und verstanden werden.[15]

Die untersuchende Beratungsfirma Contract (Karlsruhe) hat bei der Westfälischen und der Kurhessischen Kirche ein obenauf liegendes Bildverständnis ausgemacht (Kurhessen: Familie, Westfalen: Netzwerk) und damit das insoweit bestehende Selbst-Verständnis bestärkt. In einer tabellarischen Darstellung ließ sich ablesen, wie die Persönlichkeitstypen auf bestimmte Fragestellungen reagieren. Die drei Spalten stehen für Maschinen-, Familien- und Netzwerkorganisation. In den Zeilen werden die „normalen" Reaktionen auf die in der ersten Spalte benannte Herausforderung beschrieben.

Besonders eindrucksvoll ist diese Darstellung in der Zeile mit der Herausforderung „Impulse werden abgelehnt ...". Die Maschine lehnt bei Psychosprache, Moralisieren und Idealisieren von Gefühlen ab. Die Familie lehnt ab, wenn die Organisationswerte in Frage gestellt werden oder die Konkurrenz gelobt wird. Und das Netzwerk entscheidet sich dagegen, wenn Struktur und Führungsmacht betont werden. Wenn wir uns vor Augen führen, dass die meisten Kirchen Anteile von allen drei Typen einer Organisationspersönlichkeit haben, dann wird so manche Diskussion auf einer Synode in neuem Lichte verstehbar. Dieses Verstehen ist der Nutzen der Analyse von Organisationspersönlichkeiten.

---

15 Gareth *Morgan*, Images of Organization, 1986, 321: „Any realistic approach to organizational analysis must start from the premise that organizations can be many things at one and the same time."

b) Geschichte einer Organisationspersönlichkeit

Jede Organisationspersönlichkeit hat eine Geschichte, und diese wirkt in allen Bearbeitungsprozessen der Organisation nach. Wir können uns das leicht vorstellen, wenn wir wie bei der juristischen Person die Analogie zur natürlichen Person wagen. Jeder von uns ist durch seine Lebensgeschichte geprägt.

Deshalb ist es eine hilfreiche Übung, einmal die wichtigen Schichten der eigenen Kirche aufzuschreiben und sichtbar zu machen. Jede Liste ist natürlich persönlich und unvollständig – und damit realistisch.[16] Jede Liste weist aus, wovon Sie jeweils annehmen, dass das historische Erlebnis noch wirkt.

In meiner Darstellung würde sicher Barmen (1934) vorkommen. Nach meinem Eindruck kommt der Aufarbeitung von Barmen eine wichtige Funktion zu bei der Reifung der EKD-Kirchenpersönlichkeit. Lutheraner und Reformierte wie Unierte setzen hier emotional unterschiedlich an. Ich zitiere im Folgenden aus der Barmer Rechtserklärung, die Organisation und theologische Erkenntnis zusammenbindet.

Die Barmer Rechtserklärung ging der viel bekannteren Barmer Theologischen Erklärung voraus. Denn dort wurde der rechtliche Anspruch der Bekenntnissynode formuliert, die evangelische Kirche zu leiten und die bisherige Reichskirchenregierung für abgesetzt zu erklären:

„Das derzeitige Reichskirchenregiment hat diese unantastbare Grundlage verlassen und sich zahlreicher Rechts- und Verfassungsbrüche schuldig gemacht. Es hat dadurch den Anspruch verwirkt, rechtmäßige Leitung der Deutschen Evangelischen Kirche zu sein."

---

16 Vgl. Reiner *Knieling*, Plädoyer für unvollkommene Gemeinden. Heilsame Impulse, Göttingen 2008.

Erstmals seit der Reformation ist zu diesem Schritt eine evangelische Christenheit zusammengetreten, die weder einem einheitlichen Bekenntnis folgte, noch gemeinsam Abendmahl feierte und schon gar nicht über eine geordnete Organisationsstruktur verfügte – die sich aber unter die Verfassung der Deutschen Evangelischen Kirche stellte. Wir lesen am Ende der Rechtserklärung dazu:

„Im Gehorsam gegen den Herrn der Kirche liegt so starke einigende Kraft, dass wir trotz der Verschiedenheit der reformatorischen Bekenntnisse zu einem einheitlichen Wollen und Handeln in der Deutschen Evangelischen Kirche zusammenstehen können."

4. Mit Recht den Auftrag umsetzen (Auftragsorientierung und Organisation)

Auftragsorientierung[17] und Organisation – das sind die Brennpunkte der Ellipse, die wir Ekklesiologie nennen oder Kirchentheorie[18] oder einfach „Kirche".[19] Die Stichworte „Missio dei" sowie „Kirche als Instrument" will ich kurz skizzieren.

---

17 Vgl. dazu jüngst: Christian *Grethlein*, Praktische Theologie, Berlin 2012, § 18 Kirche zwischen Institution und Organisation, 378–414.

18 Vgl. Grundlegend dazu: Reiner *Preul*, Kirchentheorie. Wesen, Gestalt und Funktion der Evangelischen Kirche, Berlin/New York 1997, § 1 „Was ist ‚Kirchentheorie'?", 1–17; ferner: Hans-Richard *Reuter*, Botschaft und Ordnung. Beiträge zur Kirchentheorie, Leipzig 2009.

19 Vgl. auch: Detlef *Pollack*, Die Selbstorganisationsfähigkeit der evangelischen Kirche, in: Matthias *Bartels*/Martin *Reppenhagen* (Hg.), Gemeindepflanzungen – ein Modell für die Kirche der Zukunft?, Neukirchen-Vluyn 2006, 115–124.

a) Missio dei

Die Unterscheidung von sektoralem, dimensionalem und fundamentalem Missionsbegriff habe ich bei Eberhard Hauschildt gefunden.[20] Der sektorale Missionsbegriff zielt dabei als Entweder-Oder-Entscheidung auf eine randscharfe Abgrenzung der christlichen Kommunikationsformen Verkündigung, Liturgie, Seelsorge und eben Mission. Der dimensionale Missionsbegriff differenziert kernprägnante aber überlappungsfähige (sowohl-als-auch) Kommunikationstypen, wonach in jeder Verkündigung, Liturgie, Seelsorge und Diakonie immer auch missionarische Anteile wiederzufinden sind, sei es gezielt oder beiläufig, ja unabsichtlich. Der fundamentale Missionsbegriff zielt auf die Beschreibung der glaubenswirkenden *missio dei* in der Welt.

Die Kirche betreibt keine Mission nach eigenem Gutdünken, sondern hat Teil an der Mission Gottes (missio dei)[21]. Eine Institution, die sich zum Beispiel alleine auf ihr Leitbild statt auf das Evangelium bezöge, könnte sich nicht mehr als *creatura verbi* verstehen und schnitte ihre eigenen Wurzeln ab. Diese Verhältnisbestimmung der organisierten Kirchen zur Kirche Jesu Christi ist im Blick auf das Handlungsfeld Mission seit der fünften Weltmissionskonferenz[22] 1952 in Willingen (Deutschland) weithin anerkannt.

---

20 Eberhard *Hauschildt,* Mission und Werbung – eine Bisoziation, in: Theologische Literaturzeitung 134 (2009), 1289–1302.

21 Siehe auch den sog. „Missionsbefehl" Matthäus 28,19,20: Darum gehet hin und machet zu Jüngern alle Völker: Taufet sie auf den Namen des Vaters und des Sohnes und des Heiligen Geistes und lehret sie halten alles, was ich euch befohlen habe (Luther 1984).

22 Die erste Weltmissionskonferenz fand 1910 in Edinburgh (Schottland) statt und bildet den Ausgangspunkt für eine sichtbare und organisierte weltweite Ökumene; obgleich Anspruch (Evangelisation der Welt in dieser

b) Kirche als Instrument

Die anglikanische Kirche hat diesen Zusammenhang mit der MSC-Formel („mission shaped church") auf den Punkt gebracht.[23] Die Anglikaner waren mit dieser Formel und dem dahinterliegenden konsequenten gesetzgeberischen Programm[24] in Europa die Ersten. Sie führen deshalb in vielen Diskussionen[25] mit ihren Begriffen: church planting, fresh expression, sustainable unit, mixed economy church usw.[26]

Generation) und Horizont (Evangelisation und kulturelle Identität waren noch unkritisch verbunden) heute nicht mehr gelten. Die „Konferenz für Weltmission und Evangelisation" (offizielle Bezeichnung) werden heute von der Kommission für Weltmission und Evangelisation des Ökumenischen Rates der Kirchen organisiert; vgl. zum Ganzen: <http://www.oikoumene .org/en/who-are-we/organization-structure/consultative-bodies/world -mission-and-evangelism/history.html#c16564>.

23 *The Archbishops' Council*, mission-shaped church. Church planting and fresh expressions of church in a changing context, London 2005 (Foreword by The Archbishop of Canterbury Dr. Rowan Williams); auch veröffentlicht als „MSC 2004", <http://www.chpublishing.co.uk/uploads/documents/ 0715140132.pdf>; siehe dazu in kritischer Begleitung: John M. *Hull*, Mission-shaped church. a theological response, London 2006; jüngst ergänzt durch „MSC follow up" (2010) <http://www.churchofengland.org/media/ 39126/gs1761.pdf>.

24 Zuletzt: Mission and pastoral measure No 3 (2011), dem vorausgehend: A Measure for Measures: In Mission and Ministry. Report of the Review of the Dioceses, Pastoral and related Measures, 2004.

25 Es gibt auch in England selbst eine kritische Diskussion zum MSC-Prozess. Vgl. Dazu: John M. *Hull*, Mission-Shaped Church. A theological response, London 2006.

26 Vgl. Steven *Croft (ed.)*, The Future of the parish system. Shaping the Church of England for the 21st Century, London 2006; schon früher: Callum G. *Brown*, The Death of Christian Britain. Understanding secularism 1800– 2000, London, NY, 2001.

Diese Auftragsorientierung findet sich auch in den kirchenrechtlichen Grundnormen bei uns.

Der Blick ins Gesetz erleichtert die Rechtsfindung, und deshalb zitiere ich Art. 8 KO.EKvW.

Art: 8 KO.EKvW

(1) Die Kirchengemeinde trägt die Verantwortung für die lautere Verkündigung des Wortes Gottes und für die rechte Verwaltung der Sakramente. Sie sorgt dafür, dass das Evangelium gemäß dem in der Gemeinde geltenden Bekenntnis bezeugt wird.

(2) Die Kirchengemeinde hat den Auftrag zur Seelsorge, zur diakonischen Arbeit, zum missionarischen Dienst sowie zur Pflege der ökumenischen Gemeinschaft der Kirchen.[27] Sie stärkt ihre Glieder zum Zeugnis und Dienst in allen Lebensbereichen.[28]

Dieses Beispiel ließe sich auch für andere Kirchenordnungen und Verfassungen durchspielen. Wir finden immer solche oder ähnliche Darstellungen und immer Anknüpfung an historische Schichten der gewachsenen Organisationskultur.

Auch der Blick des Staates auf die Kirche knüpft an deren Auftrag an. Das ist sachgerecht, weil der Staat von Gesetzes wegen neutral ist (Art. 137 Abs. 1 WRV iVm Art. 140 GG: „Es besteht keine Staatskirche.") und folgerichtig bei der Einschätzung dessen, was Kirche ist, auf deren Selbstverständnis zurückgreifen muss. Kirche ist danach alles, was den kirchlichen Auftrag erfüllt, also Religion ausübt. Die Grundrechtsdogmatik nimmt als Ausgangspunkt die Kirche als Körperschaft des öffentlichen Rechts.

---

27 Wir nennen das heute oft „Handlungsfelder", wenngleich der Terminus Schlüsselthemen zutreffender wäre und eine (voreilige) operationale Verzweckung vermeiden hülfe.

28 Equip the saints.

Die Kirche kann dann durch „Zuordnung" weitere Auf-
tragsteilerfüller unter den staatlich gewährten Freiraum für
das kirchliche Handeln stellen. Die Frage, ob selbständige
Einrichtungen am Selbstbestimmungsrecht der Kirchen teil-
haben können, entscheidet sich daran, ob sie „nach kirchlichem Selbstverständnis ihrem Zweck und ihrer Aufgabe
entsprechend berufen sind, ein Stück Auftrag der Kirche in
dieser Welt wahrzunehmen und zu erfüllen"[29].

Die Details dieser rechtsdogmatischen Konstruktion sind
anspruchsvoll und sie müssen sich immer neu bewähren.
Neben die sog. verfasste Kirche – also unsere 21 Landeskirchen in der Bundesrepublik Deutschland – treten eine viel-
fältige Schar von Einrichtungen und Institutionen, die alle
an der Auftragserfüllung mitwirken.

Wenn wir also konsequent nicht die einzelne Landeskirche oder ihre rechtlichen Untergliederungen, sondern die
Auftragsgemeinschaft in den Blick nehmen, dann tritt uns
Protestanten eine gewaltige Vielfalt vor Augen. Diese Auftragsgemeinschaft ist eine Pluralität von Organisationen.[30]
Ihr Verhältnis untereinander ist vielgestaltig: hierarchisch
verknüpft, geschachtelt, assoziiert oder durch Absprachen
und Gewohnheit in Beziehung gesetzt. Kirchenrecht in diesem Horizont ist eine spannende Angelegenheit, die stetig

---

29 BVerfGE 46, 73 (Leitsatz) [Goch]; BVerfGE 53, 366 (391) [St. Marien]; BVerfGE
57, 220 (242) [Volmarstein]; BVerfGE 70, 138 (162) [St. Elisabeth], zitiert nach
Anne-Ruth *Glawatz*, Die Zuordnung privatrechtlich organisierter Diakonie
zur evangelischen Kirche, Frankfurt a. M., 2003, 46 mit Fußnote 180.

30 Cla Reto *Famos*, Kirche zwischen Auftrag und Bedürfnis. Ein Beitrag zur
ökonomischen Reflexionsperspektive in der praktischen Theologie, Müns-
ter 2005, 208 ff., insbes. 210: „Die ekklesiologischen Koordinaten unterscheiden sich im ökumenischen Dialog beträchtlich. Gemeinsam ist aber
allen konfessionellen Ansätzen die Suche und das Kreisen um die Frage,
wie der Auftrag der Kirche heute zu fassen sei."

in Bewegung ist. Zur Übersicht aus der Perspektive einer bestimmten Landeskirche unterscheide ich als Jurist vier theologisch begründete Organisationskreise, die eigene Kirche (konkr. Landeskirche), dann ihre Werke und eigenständigen Einrichtungen, im Weiteren die Einheiten, mit denen Kirchengemeinschaft besteht und schließlich die Gruppe der ökumenischen Einrichtungen und Organisationen.

5. Mit Recht Kirche gestalten (Kirchenrecht – die Kirche setzt Recht)

a) Rahmenbedingungen (Staatskirchenrecht)

Die Form einer Organisation[31] ist immer kontextabhängig, sie hat einen Sitz im Leben. Die Organisationsumwelt stellt die Rahmenbedingungen der Selbstorganisation auf. Staatskirchenrecht, das ist der Freiheitsrahmen, den das Grundgesetz[32] und die darauf aufbauende höchstrichterliche Rechtsprechung beschreibt. Kirchenrecht ist das von der Kirche selbst in Freiheit gesetzte Recht. Und selbstverständlich gilt für kirchliche Institutionen das staatliche Recht. Ausnahmen davon und Besonderheiten sind rechtlich definiert und begrenzt.[33]

Die 21 Landeskirchen in Deutschland sind alle als Körperschaften des öffentlichen Rechts organisiert. Sie haben ihr Rechtskleid sozusagen beim Übergang von der Staats-

---

31 In diesem Zusammenhang kommt es auf die Ausdifferenzierung zwischen den Begriffen Organisation, Institution oder Organismus nicht an, vgl. dazu aber: Reiner *Preul*, Kirchentheorie. Wesen, Gestalt und Funktion der Evangelischen Kirche, Berlin/New York 1997, – 7 Kirche als Institution in der modernen Gesellschaft (128 ff.) und – 9 Kirche als Organisation (204 ff.).

32 Art. 4, 7, 140 GG iVm 137 ff. WRV.

33 Etwa im Bereich Datenschutz oder im Gebiet des kirchlichen Arbeitsrechts.

kirche zum religiös neutralen Staat 1919 geerbt. Deshalb ist die Selbstorganisation oftmals staatsähnlich ausgeformt.[34] Wir kennen kirchliche Gesetzgebung, wir kennen Kirchengerichte, wir kennen Synoden[35], kollegiale Leitungsorgane und einen dreistufigen territorial orientierten Aufbau. Jede Landeskirche „ordnet und verwaltet ihre Angelegenheiten selbständig innerhalb der Schranken des für alle geltenden Gesetzes. Sie verleiht ihre Ämter ohne Mitwirkung des Staates oder der bürgerlichen Gemeinde" (Art. 137 Abs. 3 WRV iVm Art. 140 GG).

Zusammenfassend können wir drei Schichten unterscheiden, die auf je eigene Weise Rahmenbedingungen für die kirchliche Rechtsgestalt darstellen[36]: die rechtliche Umwelt (inkl. der Kultur in unserem Land, in der konkreten Region sowie den Bedingungen für Organisation, Personal und Finanzen), die staatskirchenrechtliche Umwelt (mit ihrer individuellen und korporativen Ausprägung) und das kirchliche Selbstverständnis (Verstehen wir uns selbst?, Wie organisieren wir uns selbst?). Alle drei Schichten sind veränderlich.

---

34 Vgl. jüngst die Rede vom Theorem der kirchenspezifischen Demokratie als verfassungstheoretischem Grundprinzip in der Verfassung der Nordkirche, Peter *Unruh*, Kirchenbildung und Verfassungsgebung in Norddeutschland, in: ZevKR 57 (2012), 121–145 (133).

35 Die in vielen Presseveröffentlichungen mit der Absicht einer besseren Verständlichkeit „Kirchenparlament" genannt werden.

36 Niklas *Luhmann*, Die Organisierbarkeit von Religionen und Kirchen, in: Jakobus *Wössner* (Hrsg.), Religion im Umbruch. Soziologische Beiträge zur Situation von Religion und Kirche in der gegenwärtigen Gesellschaft, Stuttgart 1972, 245–285 (255, 256) spricht von „primären Rahmenbedingungen der Umsetzung in Organisation": „Für Systeme religiösen Erlebens und Handelns ist im Prinzip nichts anderes zu erwarten; nur daß sich hier die gesellschaftlichen Vorbedingungen von Organisierbarkeit und Nichtorganisierbarkeit in sehr eigentümlicher Weise verbinden."

b) Selbstorganisation: Form geben und wahren

Eine lebendige Organisation gibt sich eine Form und wahrt oder verändert diese bedarfsgerecht. Drei Prozesse können wir dabei regelmäßig unterscheiden: Die Aufbauorganisation, die Ablauforganisation und die Qualitätssicherung beider. Die Aufbauorganisation verteilt die Macht. Die Ablauforganisation ordnet die (Geschäfts-)Prozesse[37] und die Qualitätssicherung hat die Aufgabe, dass dieses alles auch bei sich wandelnden Verhältnissen zielgerichtet funktioniert und auf dem aktuellen Stand der Erkenntnis bleibt.[38]

In kirchlichen Kreisen hat man zuweilen den Eindruck, dass der Normalzustand für eine Organisation die statische Ruhe sei. Wir alle wissen natürlich, dass die Welt und was darinnen ist stetig, und das heißt dauernd, ununterbrochen, in Bewegung und Veränderung ist. Deshalb ist die Etablierung von „Reformprozessen" eine zweischneidige Angele-

---

37 Vgl. zum St Galler Management-Modell: Johannes *Rüegg-Stürm*, Das neue St. Galler Management-Modell. Grundkategorien einer integrierten Managementlehre. Der HSG-Ansatz, 2. durchgesehene Auflage Haupt-Verlag 2003: Dort werden drei Prozesstypen unterschieden: Management-, Geschäfts- und Unterstützungsprozesse.

38 Vgl. zum Veränderungsbedarf nur: Wolfgang *Huber*, Kirche in der Zeitenwende. Gesellschaftlicher Wandel und Erneuerung der Kirche, Gütersloh 1999, 232: „In ihren gegenwärtigen Organisationsstrukturen läßt sich die kirchliche Arbeit nicht mehr finanzieren. Diese Strukturen sind zum einen durch das Prinzip flächendeckender Versorgung geprägt; es findet in der parochialen Gemeindeorganisation seinen Ausdruck. Sie sind zum anderen dadurch gekennzeichnet, daß zusätzliche Herausforderungen, die im Prozess gesellschaftlicher Modernisierung entstanden, durch ergänzende ‚funktionale' Einrichtungen und Dienste beantwortet wurden. Zu diesen Strukturen gehört schließlich ein System der Kirchenleitung, das Elemente der personalen geistlichen Leitung, der behördlichen Zuständigkeit und der synodalen Repräsentation miteinander verbindet."

genheit.[39] Als Trittbrettfahrer fährt die Idee mit, nach dem Reformprozess sei wieder alles ruhig und statisch, sozusagen entkoppelt von der Umwelt. Eine Entkoppelung von der Umwelt sollte aber vermieden werden, wenn Kirche in der Welt wirken will.

Die kirchenjuristische Arbeit in einer Landeskirche besteht darin, Recht anzuwenden. Ebenso wichtig aber ist die Rechtsetzung der Kirchengemeinden, der Kirchenkreise und der Landeskirche. Das Kirchenrecht ordnet die Aufgaben, die Leitung und die Abläufe der Organisation, die wir gelernt haben „Kirche" zu nennen.

Recht hat die Funktion Erwartungssicherheit zu geben.[40] Deshalb muss das Recht stabil sein und darf sich nicht dauernd grundlegend ändern. Andererseits wären Synoden weitgehend arbeitslos, wenn sie nicht Recht setzen würden. Eine Aufgabe der Qualitätssicherung ist deshalb eine gute Gesetzgebungsarbeit. Es mag ganz pragmatisch erlaubt sein, von unterschiedlichen Aggregatzuständen (gasförmig, flüssig, fest) kirchlichen Rechts zu sprechen.[41] Das zeigt, dass Kirchenrecht weder vom Himmel fällt noch unabänderlich ist. Der Normgebungsprozess kann als Wechsel im Aggregatzustand begriffen werden.

---

39 Vgl. dazu allgemein: Traugott *Jähnichen*, Die Parallelität von gesellschafts- und kirchenreformerischen Diskursen im 20. Jahrhundert. Ein Beispiel der Zeitgeistanfälligkeit des deutschen Protestantismus?, in: Isolde *Karle (Hg.)*, Kirchenreform. Interdisziplinäre Perspektiven, Leipzig 2009, 81–96.

40 Vgl. jüngst: Martin *Honecker*, Kirchliche Lebensordnung zwischen Recht und Pastoralethik, in: ZevKR 57 (2012), 147–167 (149/150): „Zu einer Kultur evangelischen Kirchenrechts gehören: die Orientierung an theologischen Grundlagen, die Gewährleistung von Rechtssicherheit, Öffentlichkeit und Transparenz der Verfahren und Konsistenz der Regelungen."

41 Siehe auch den Dreischritt, den die Organisationsentwicklung durch Kurt *Levin* gelernt hat: Unfreeze (Planning), Change (Action), Refreeze (Result).

c) Kirchenrecht ist Recht, d. h. Methoden und Grundsätze entsprechen dem staatlichen Recht

Die Kirchen ordnen ihre Angelegenheiten und organisieren sich selbst mit den Mitteln des Rechts. Eine unstrittige Definition dessen, was Recht ist, bietet die Rechtswissenschaft nicht. Aber wir haben erfahrungsgesättigte und durchdachte Hinweise, wann Recht Recht ist und wann es das nicht ist. Autoritative Gesetztheit, soziale Wirksamkeit[42] und materiale Richtigkeit sind die drei Ankerpunkte, zwischen denen sich das Recht aufspannt.[43] Wenn einer dieser Punkte entfällt, schnurrt das zwischen diesen drei Punkten aufgespannte Dreieck zu einer Linie zusammen, und wir verneinen die Qualität des Rechts.

Das Recht hat zwei wesentliche Funktionen. Zum einen reguliert und ordnet es Verteilung und Ausübung von Macht. Zum anderen stellt es Maßstäbe und Verfahrensformen für einen ordentlichen und ehrbaren Umgang unter Menschen und Organisationen zur Verfügung.[44]

---

42 Das Recht kennt eine große Breite der Verbindlichkeitsstufen. Das Strafrecht etwa setzt eine vorlaufende gesetzliche Regelung voraus und wird ggf. auch gegen den Willen der Betroffenen mit Zwang durchgesetzt (sog. Offizialdelikt), während es im Bereich der Corporate Governance die weichen Formen des „comply or explain" gibt, also einer Form des Sichtbarmachens und Erläuterns der Verhaltensform, in der Absicht, dass der soziale Druck der richtige Maßstab für zu fordernde Konformität sei.

43 Zum Rechtsbegriff mit den drei Eckpunkten formale Gesetztheit, materiale Richtigkeit und tatsächliche Geltung siehe Ralf *Dreier*, Der rechtsphilosophische Rechtsbegriff, NJW 1986, 890; zur Spannung von Rechtssicherheit und Gerechtigkeit vgl. die sog. Radbruchsche Formel, in: Gustav *Radbruch*, Gesetzliches Unrecht und übergesetzliches Recht, 216.

44 In diesem Sinne ist auch die evangelische Lebensordnung – in Westfalen Teil II der Kirchenordnung – als Kirchenrecht zu qualifizieren. Vgl. jüngst

131

Die *Normenpyramide* sagt, dass es eine Leitnorm gibt – die Verfassung – und dass die nachgeordneten Normen der jeweils ranghöheren Norm nicht widersprechen dürfen. Das ist eigentlich ganz logisch. Wenn Normen wie Computerprogramme gedacht werden, dann leuchtet sofort ein, dass diese Programme widerspruchsfrei funktionieren müssen. Das ist besonders wichtig, wenn verschiedene normsetzende Instanzen aktiv sind.

Wenn beispielsweise ein Kirchenkreis eine Satzung beschließt, darf diese nicht im Widerspruch zur Kirchenordnung stehen. Die Prüfung der Widerspruchsfreiheit erfolgt im Rahmen des landeskirchlichen Genehmigungsprozesses. In der westfälischen Kirchenordnung findet sich die Regelung, wonach Satzungsrecht der landeskirchlichen Genehmigung bedarf für Kirchenkreise in Art. 104 KO.EKvW.[45] Entsprechende Normen finden sich in anderen Kirchenverfassungen ebenfalls.

Ein wichtiges Konzept für das Verständnis rechtlicher Organisation ist die *juristische Person*. Zum dogmatischen Verständnis brauchen wir den Begriff des Rechtssubjektes. Rechtssubjekt bezeichnet eine Person, der Rechtsfähigkeit zukommt und d. h., dass sie Träger von Rechten und Pflichten sein kann. Jeder Mensch ist ein Rechtssubjekt, nämlich grundsätzlich Träger von Rechten und Pflichten. Wir alle sind solche Rechtssubjekte. Wir sind aber nicht alle gleich. Wir haben vielleicht unterschiedliche Staatsangehörigkeiten, wir haben sicher unterschiedliche Lebensalter – trotz aller Antidiskriminierung ist das Lebensalter nach wie vor ein wichtiger Anknüpfungspunkt für abstrakt-generelle Rege-

---

dazu: Martin *Honecker*, Kirchliche Lebensordnung zwischen Recht und Pastoralethik, in: ZevKR 57 (2012), 147–167 (148 ff.).

45 Für Kirchengemeinden ist der Art. 77 KO.EKvW einschlägig.

lungen, also solche, die mehr als nur den konkreten Einzelfall klären sollen.

Das Konzept der Person lässt sich vom Menschen übertragen auf Organisationen. Das geschieht, indem wir die Aufgaben betrachten, die diese Einheit erledigen soll. Ein Mensch denkt, erinnert, entscheidet, wenn sie oder er seine Rechtsträgerschaft ausübt, seinen Pflichten nachkommt und seine Rechte ausübt. Diese Funktionen muss auch die Organisation ausüben können, wenn der Staat ihr Rechtsfähigkeit zubilligen will. Das Hauptziel, nämlich „Überleben" beim Menschen bzw. „Fortbestehen" bei der Organisation, kann kontrolliert verfolgt werden. Wenn es misslingt, ist der Mensch krank oder tot, und die Organisation wird vom Insolvenzverwalter abgewickelt. Organisationspsychologisch ist die Insolvenzunfähigkeit der steuererhebenden Körperschaften interessant, weil sie leicht mit *Unsterblichkeit der Organisation* selbst verwechselt werden kann.

Das Zusammenspiel aller Organe des Menschen (Gehirn, Herz, Gefäßsystem, Verdauung usw.) ist durch den Schöpfer vorbedacht. Das Zusammenspiel der Organe einer juristischen Person folgt den Vorgaben der entsprechenden Gesetze und der Konkretisierung im Organisationsstatut (Verfassung, Konstitution, Gesellschaftsvertrag, Satzung usw.). Die Analogie zwischen dem Geschöpf Mensch und der Kreation Organisation ließe sich weiter fortsetzen, eine Variante haben wir mit dem Begriff der Organisationspersönlichkeit kennengelernt.

Organisationen bedürfen also anders als Menschen selbst der rechtlichen Ausgestaltung, wenn nicht der rechtlichen Erfindung. Das Kirchenrecht konstituiert die kirchlichen Akteure selbst. Wie handelt, denkt, entscheidet eine Landeskirche? In welchem Verhältnis zu ihr stehen die Kir-

chengemeinden. Wie können Kirchengemeinden in Kirchenkreisen übergeordnete Interessen gemeinsam verfolgen?
Solche Ermöglichungsnormen finden sich zumeist im kirchlichen Verfassungsrecht. Das Kirchenrecht ist ganz wesentlich Organisationsrecht, und als solches lebt es in der Spannung von Bewahrung und Veränderung. Gerade eine sich
wandelnde Kirche erlebt das intensiv.

Die Kirchenordnungen im Rheinland und in Westfalen
sehen im dreigliedrigen Aufbau der Landeskirchen auf jeder
Ebene rechtliche Organisationseinheiten vor. Jede „juris-
tische Person" bedarf eines Organs, dem die Aufgabe der
Rechtsvertretung zukommt. Das sind die Kirchenleitung, der
Kreissynodalvorstand und das Presbyterium.

Eigenständig und eigengeartet

Das Kirchenrecht ist *eigenständig und eigengeartet*. Das Kirchenrecht ist zunächst ganz normales Recht – auch wenn es
nicht vom Staat oder von der bürgerlichen Gemeinde (Kommune) gesetzt wird. Es folgt aber anderen Zielen.

Normenpyramide und juristische Person und viele weitere methodische Bausteine der Rechtswissenschaft funktionieren im Kirchenrecht genauso wie im staatlichen Recht.
Aber es gibt Unterschiede. So ist der Staat demokratisch
geordnet, während eine Kirche sich christuszentriert auf-
baut.[46] Eine Kirche steht zwar regelmäßig inhaltlich nicht im
Widerspruch zum Staat und seinen Prinzipien, ihre Organi-
sationsnormen sind aber andere. Das wissen wir nicht erst
seit Barmen. Deshalb ist der Konflikt mit staatlichen Normen

---

46 Vgl. aber die Darstellung des Theorems von der kirchenspezifischen Demo-
     kratie als verfassungstheoretisches Grundprinzip in der Verfassung der
     Nordkirche, Peter *Unruh*, Kirchenbildung und Verfassunggebung in Nord-
     deutschland, in: ZevKR 57 (2012), 121–145 (133).

möglich und gelegentlich auch notwendig. Ein Blick über unsere Grenzen zeigt, dass dies in vielen Orten der Welt ganz augenfällig auch heute der Fall ist.

Kirchenrecht ist Recht, aber es ist „eigenständig und eigengeartet".

> „Mit der Eigenständigkeit des Kirchenrechts wird zunächst ausgesagt, dass es durch kirchliche Organe und unabhängig von staatlicher Rechtsetzung erzeugt wird. [...] Mit der Bezeichnung als ‚eigengeartet' wird hervorgehoben, dass das Kirchenrecht durch Telos und Empirie der Kirche bestimmt ist und sich darin von anderen Rechtskreisen unterscheidet."[47]

Diese Differenzierung trägt anders als die Unterscheidung von monistischem und dualistischem Rechtsverständnis[48] etwas Praktisches aus.[49] Wir erkennen das Grundprinzip der Selbstorganisation und der Auftragsorientierung wieder.

Eine Besonderheit der Kirche besteht darin, dass sie sich selbst in Frage stellt – und zwar intensiver als der Staat dies in der Frage des Rechts auf Widerstand (vgl. Art. 20 Abs. 4 GG) tut. Dem Kirchenrecht liegen Zweck und Ziel der Kirche

---

47 Hendrik *Munsonius*, Die juristische Person des evangelischen Kirchenrechts, Tübingen 2009, 32 mit weiteren Nachweisen in den Fußnoten 118 und 120 auf Herms und Pirson.

48 Vgl. zur sog. Grundlagendiskussion in der ev. Kirchenrechtswissenschaft: Michael *Germann*, Der Status der Grundlagendiskussion in der evangelischen Kirchenrechtswissenschaft, in: ZevKR 53 (2008), 375–404.

49 Vgl. zur Müßigkeit der Unterscheidung dualistischen und monistischen Kirchenrechts-Verständnisses: Heinrich *de Wall*/Stefan *Muckel*, Kirchenrecht. Ein Studienbuch, 3. überarbeitete Aufl., München 2012, 242 (§ 24 Rn 15); siehe jüngst dazu: Martin *Honecker*, Kirchliche Lebensordnung zwischen Recht und Pastoralethik, in: ZevKR 57 (2012), 147–167 (149), der am Beispiel der Unterscheidung von Recht und pastoraler Weisung die Frage des doppelten Rechtsbegriffs diskutiert.

selbst voraus. Zugespitzt formuliert: Die evangelische Kirche glaubt nicht an sich.[50]

Normenpyramide und Gottes Wort

Das Bekenntnis ist nicht Gegenstand der Gesetzgebung.[51] Also ist es wichtig, dass die Verhältnisbestimmung zwischen Wort Gottes und rechtlichem Organisationswerkzeug sich im Kirchenverfassungsrecht wiederfindet. In der Westfälischen Kirchenordnung lässt sich das besonders plastisch zeigen anhand des jeweils ersten Artikels des ersten und zweiten Teils der Kirchenordnung.

Der erste Teil regelt die Organisationswelt (Kirchengemeinde, Kirchenkreis, Landeskirche). Art. 1 beginnt wie folgt:

„Die Evangelische Kirche von Westfalen urteilt über ihre Lehre und gibt sich ihre Ordnung im Gehorsam gegen das Evangelium von Jesus Christus, dem Herrn der Kirche."

Der zweite Teil ist mit „Wort und Sakrament" überschrieben und enthält, was in manchen Landeskirchen als Lebensordnung bezeichnet wird. Art. 163 lautet:

„Jesus Christus, der Herr, erbaut, regiert und erhält seine Kirche in der Kraft des Heiligen Geistes durch sein Wort und Sakrament."

Der badischen Grundordnung folgend nehmen jüngere Kirchenverfassungen die Formel von der geistlich und recht-

---

50 Hier könnte auch eine Differenz zur katholischen und zur anglikanischen Kirche liegen.

51 So explizit: Art. 2 Abs. 2 Satz 2 Grundordnung der Evangelischen Kirche in Deutschland vom 13. Juli 1948 (ABl. EKD 1948, 233) in der Fassung der Bekanntmachung vom 20. Nov. 2003 (ABl. EKD 2004, 1), zuletzt geändert durch Kirchengesetz vom 10. Nov. 2005 (ABl. EKD 2005, 549) GO-EKD; Art. 58 Abs. 3 Satz 1 Grundordnung der Ev. Kirche in Baden vom 28. April 2007 (GVBl. 81) (GO.EKiBa); Art. 4 Abs. 3 Verfassung der Evangelischen Kirche Mitteldeutschland vom 5. Juli 2008 (ABl. 2008, 183).

lich unaufgebbaren Einheit[52] auf.[53] Damit kommt diese spannungsvolle Balance in den Blick. Der mit dem Vorrang des Auftrages vor der Struktur[54] verbundene Anspruch sollte allerdings als Verheißung verstanden werden, damit eine Überforderung vermieden werden kann.[55] In allen kirchlichen Organisationseinheiten besteht die Gefahr, dass der Inhaltsvorrang als Strukturverachtung zur Geltung kommt. Dann verwirklichte sich das Risiko, dass die Aufgabe zwar im Blick, aber wegen des mangelhaft gepflegten und unterprofessionell beherrschten Werkzeuges nicht effizient und effektiv erledigt werden kann.

---

52 Vgl. speziell zu dieser Formulierung: Peter *Unruh*, Kirchenbildung und Verfassungsgebung in Norddeutschland, in: ZevKR 57 (2012), 121–145 (139), der die Verfassungsklausel des Art. 1 Abs. 3 Verf. Nordkirche im Zusammenhang mit der Frage der Leitung der Gemeinde erwähnt: Wird die Gemeinde allein durch das Gemeindeleitungsorgan (Kirchengemeinderat) oder auch durch einen eigenständigen Leitungsauftrag der Ordinierten (rite vocatus) geleitet.

53 Art. 7 GO.Baden vom 28. April 2007: „Die Leitung der Ev. Landeskirche in Baden geschieht auf allen ihren Ebenen geistlich und rechtlich in unaufgebbarer Einheit. Ihre Organe wirken im Dienst der Leitung zusammen."; Art. 5 Abs. 1 EKM-Verf vom 5. Juli 2008. Leitung auf allen Ebenen der Evangelischen Kirche in Mitteldeutschland geschieht im Hören auf Gottes Wort, in der Verantwortung gegenüber Gott und im geschwisterlichen Gespräch. Sie ist geistlicher und rechtlicher Dienst in unaufgebbarer Einheit. Art. 1 Abs. 3 Verf NordKirche vom 7. Januar 2012 heißt es: „In der Evangelisch-Lutherischen Kirche in Norddeutschland geschieht Leitung im Hören auf Gottes Wort und durch seine Auslegung. Sie erfolgt in allen Ebenen geistlich und rechtlich in unaufgebbarer Einheit."

54 Vgl. den aus der Architektur stammenden Satz „form follows function".

55 Vgl. das Motto des 5. AMD-Kongresses für Theologinnen und Theologen in Dortmund: „Brannte nicht unser Herz ..." Zwischen Überforderung und Verheißung" (24.–27. Sept. 2012).

„Autonome" Kirchengemeinde?

Gelegentlich hören wir Juristen, dass die Kirchengemeinde autonom sei. Autonomie heißt Selbstgesetzgebung. Wer autonom ist, kann über sich selbst bestimmen. Wenn das Subjekt eine juristische Person ist, müsste diese also über Organisation, Finanzen und Personal und d. h. auch über alle Details seiner Aufbau- und Ablauforganisation sowie über die Qualitätssicherung selbst und ggf. alleine entscheiden können.

Es ist schnell erkennbar, dass Autonomie in diesem umfassenden Sinne in einer vernetzten Welt kaum jemandem zusteht. Staaten und Landeskirchen beanspruchen diese Selbst-Freiheit für sich, sind freilich selbst vielfältig gebunden. Sicher ist auch, dass Kirchenkreise und Kirchengemeinden ein erhebliches Maß an Organisationsfreiheit besitzen (Satzungsrecht), aber sie sind ebenso gewiss nicht im umfassenden Sinne autonom.

Eine Kirchengemeinde, die die Grundstruktur ihrer Leitung ändern möchte, kann dies nicht auf dem Wege der Satzung machen, sie müsste dies durch eine Kirchenordnungsänderung in die Wege leiten.

Verfassungsprinzip: Presbyterial-Synodale Ordnung (PSO)

Mit der Aussage, dass Kirchenrecht eigenständig und eigengeartet ist, werden zwei wesentliche Aussagen der Presbyterial-Synodalen Ordnung (PSO) aufgenommen. Die Kirche ist staatsunabhängig und auftragsorientiert. Als Drittes kommt hinzu, dass sie evangelisch ist und nicht römisch-katholisch.

Das Verfassungsprinzip „presbyterial-synodale Ordnung" (PSO) gibt es nicht nur in der Traditionslinie der Rheinisch-Westfälischen Kirchenordnung von 1835[56], sondern auch die

---

56 Vgl. zur Entwicklung in der Westfälischen Kirchenordnung: Hans-Tjabert
   Conring, Eckstein „Gemeinde"? Gedanken zur presbyterial-synodalen Ord-

Badische und die Kurhessische Kirche betrachtet die PSO als ein wesentliches Verfassungsprinzip.

Die Westfälische Kirchenordnung[57] setzt voraus, dass es eine presbyterial-synodale Ordnung gibt. Der Begriff der „presbyterial-synodalen Ordnung" kommt in der KO.EKvW genau einmal vor, und zwar im Art. 118 II lit e KO.EKvW. Dort heißt es:

> „[…] e) sie [die Landessynode] wahrt die presbyterial-synodale Ordnung und pflegt das synodale Leben der Kirche."

Klassisch wird dazu folgendes Verständnis gelehrt:

> „Unter Presbyterial-Synodalverfassung ist ein Dreifaches zu verstehen.
> 1) die Kirche baut sich in ihrer Verfassung und Ordnung von der Gemeinde her auf.
> 2) Presbyterien und Synoden sind die Leitungsorgane der Gemeinden und der Kirche.
> 3) Älteste wirken in Presbyterien und Synoden vollberechtigt mit."[58]

Wer den ersten Erläuterungssatz mit der Vorstellung einer „autonomen" Ortsgemeinde kombiniert, kann einer simplifizierenden Metapher verfallen, die sagt, die Kirche baue

---

nung in Westfalen, in: Ricarda *Dill*/Stephan *Reimers*/Christoph *Thiele*, Im Dienste der Sache. Liber amicorum für Joachim Gärtner, Frankfurt a.M. 2003, 137–148 (139 ff.); für die rheinische Sicht: Hellmut *Zschoch*, Die presbyterial-synodale Ordnung – Prinzip und Wandel, in: *ders.* (Hg.), Kirche – dem Evangelium Strukturen geben, Neukirchen-Vluyn 2009, 220–238.

57 KO.EKvW (KABl. 1999, 1).

58 Werner *Danielsmeyer*, Die Evangelische Kirche von Westfalen. Bekenntnisstand. Verfassung. Dienst an Wort und Sakrament, 2. veränd. Aufl. Bielefeld 1978, 205.

sich von unten nach oben auf, und ihr Grundstein sei die Ortskirchengemeinde. Weiter könnte eine formale Engführung behaupten: Die Leitungsorgane konstituierten die Kirche, um schließlich zu beanspruchen, dass Theologen immer in der Minderheit aller Gremien sein und bleiben müssten. Das aber ginge an der Kernaussage der PSO vorbei. Denn sie will gerade nicht die Struktur heiligen, sondern den Auftrag sichern.

Und in dieser materialen Perspektive heißt PSO Folgendes: Wir – die organisierte evangelische Landeskirche – sind evangelisch und nicht römisch-katholisch[59], wir regieren uns selbst und werden nicht staatlich dominiert und wir wollen unsere Organisation auftragsorientiert ausrichten – immer wieder. Dabei wird der Aufbau der Kirche Jesu Christi von der Gemeinde her so verstanden, dass überall dort, wo der Herr Gemeinde baut (missio dei), Kirche entsteht. Diese Wurzel und Quelle, die Kommunikation Gottes mit den Menschen, hat die organisierte Kirche zu achten und zu pflegen. Mit einem solchen Verfassungsprinzip wird nicht die Gegenwart zementiert, sondern ein Freiraum für die Weiterentwicklung benannt.

Weil sowohl der Staat als auch die Kirchen selbst die auftragsorientierte Perspektive nutzen, und weil unterschiedliche Sozialgestalten von Kirche theologisch gleichermaßen legitim sein können, liegt es nahe, einen weiten Kirchenrechtsbegriff zu nutzen. Kirchenrecht im weiten Sinne sind alle Regelungen, die getroffen werden, um den (partiellen) Auftrag der Kirche Jesu Christi zu erfüllen.[60] Damit kann auch alles Recht von zugeordneten Organisationen und

---

59 Vgl. insoweit § 129 CiC.

60 Dazu gehören das Vereins- und Satzungsrecht kirchlicher oder christlicher Organisationen ebenso wie das Organisationsrecht, das auf kirchengesetzliche Grundlagen aufsetzt bzw. sich Geltungsvorbehalten unterwirft:

internationalen Einrichtungen als Kirchenrecht im weiteren Sinne erfasst und so die die ganze Breite der kirchenrechtlich geordneten Formen sichtbar werden. Die Kirche soll natürlich, so gut es Menschen vermögen, organisiert sein, so effizient und effektiv, wie wir uns das leisten können. Jedes Kirchenrecht ist im besten Fall „die Form, in der sich die Gemeinschaft der Getauften auf die Verheißung der Gegenwart Gottes hin darüber verständigt, welches kirchliche Handeln als geistlich angezeigt verantwortet werden soll"[61].

6. Mit Recht Freiraum nutzen (Gemeindeformen als Innovation)

Das Thema „Gemeindeformen" ist spätestens seit dem Impulspapier der EKD mit seinem zweiten Leuchtfeuer in den Landeskirchen angekommen. Die Auseinandersetzung zum Thema Gemeinde ist freilich wesentlich älter. Es hat sich mittlerweile herumgesprochen, dass unsere Standard-Ortsgemeinde nicht aus Jesu Zeiten stammt, sondern ganz wesentlich geprägt wurde durch die reformerischen Absichten eines Emil Sulze zum Ende des 19. und Beginn des 20. Jahrhunderts.[62]

---

beispielsweise diakonie-verbandliche Organisationsregelungen oder Stiftungssatzungen.

61 Michael *Germann*, Kriterien für die Gestaltung einer evangelischen Kirchenverfassung, in: Kirche(n) in guter Verfassung, epd-Dokumentation Nr. 49/2006, 24–39 (26); ihm folgend: Hendrik *Munsonius*, Die juristische Person des evangelischen Kirchenrechts, Tübingen 2009, 30.

62 Emil *Sulze*, Die evangelische Gemeinde, 2. neu bearbeitete Auflage Leipzig 1912, vgl. jüngst: Christian *Grethlein, Praktische Theologie, Berlin 2012, 216* (§ 11 2.4).

Der Themenkreis „Gemeindeformen" erfreut sich aktuell besonderer Aufmerksamkeit, was eine Vermarktungschance ist, aber auch das Risiko einer sachlichen Engführung birgt. Deshalb möchte ich die Unterscheidung des Substantivs „Gemeindeform" (Plural: Gemeindeformen) und des Verbs „Gemeinde formen" voranstellen. Das Verb verdeutlicht, dass es nicht um die Orientierung auf ein Strukturziel, sondern um eine strukturierte Zielorientierung geht.[63] Das klingt banal, hilft aber dabei, bestehende gemeindliche Arbeit nicht zu deklassieren. Daran liegt mir sehr viel! Hier entfaltet die Akzentverschiebung von der formalen auf den materialen Gehalt der PSO ihre volle Wirkkraft.

Kirche ist bekanntlich personalorientiert, und – damit sage ich nichts Neues, spreche aber etwas Empfindliches aus – Kirche ist damit verletzlich. Menschen könnten die Diskussion um eine gute Organisationsgestalt oder um eine Auffächerung von Organisationsgestalten als Votum zur bisherigen Arbeit, oder noch problematischer: als Werturteil zur Motivation anderer Christenmenschen missdeuten. Das aber ist nicht hilfreich, es baut nicht auf.

Zum Begriff der Gemeinde soll in unserem Zusammenhang das folgende Zitat genügen:[64]

„Über den Begriff der ‚Gemeinde' als kleinstem und ursprünglichem Baustein der verfassten Kirche werden typischerweise Teilhaber der und Teilhabe an der verfassten Kir-

---

[63] Diesem Ziel ist auch Christian Grethlein mit der „Neuformatierung der Kirchentheorie" verpflichtet, vgl. Christian *Grethlein*, Kirche – als praktisch-theologischer Begriff. Überlegungen zu einer Neuformatierung der Kirchentheorie, in: PTh 2012, 4, 136–151; Christian *Grethlein*, Praktische Theologie als Theorie des Kommunikation des Evangeliums in der Gegenwart. Ein Prospekt, in: Theologische Literaturzeitung 137 (2012) 6, 623–640.

[64] Vgl. aber: Hans-Richard *Reuter*, Botschaft und Ordnung. Beiträge zur Kirchentheorie, Leipzig 2009, 92–98 „4. Kirche und ‚Gemeinde'".

che rechtlich definiert und folglich über Mitgliedschaft in der Kirche, über Mitwirkung an der Leitung der Kirche, sowie über Finanz- und Ressourcenbeteiligung entschieden. Diese verfasste Kirche erhebt den Anspruch ‚Kirche' im umfassenden Sinne zu repräsentieren. Ziel einer öffnenden Veränderung des Begriffes ‚Gemeinde' ist deshalb die Steigerung der Zahl der Teilhabenden von und eine Stärkung der Teilhabe an Kirche."[65]

Church of England

Wer sich mit Gemeindeformen einlässt, stößt auf die Modellentwicklung der Church of England.[66] Wer dazu deutsche Literatur sucht, stößt auf Prof. Michael Herbst.[67]

Die anglikanische Kirche scheint einen Krisenbewusstseinsvorsprung vor unseren deutschen Landeskirchen zu haben.[68] Insbesondere in unserer deutschen Sicht pflegen wir den Eindruck, dass die anglikanische Kirche in strategischer Geschlossenheit die Kirchen-Krisen-Fragen program-

---

65 Hans-Tjabert *Conring*, Kurzgutachten „neue Gemeindeformen" vom 4. April 2008, LKA.EKvW Az. 001.14/02, Ziff 16. (unveröffentlicht).

66 Vgl. nur: Steven *Croft (ed.)*, The Future of the parish system. Shaping the Church of England for the 21st Century, London 2006; *ders.*, Gemeindepflanzungen in der Anglikanischen Kirche. Von „breaking new ground" (1994) zu „mission-shaped church" (2004), in: Matthias *Bartels*/Martin *Reppenhagen* (Hrsg.), Gemeindepflanzungen – ein Modell für die Kirche der Zukunft?, Neukirchen-Vluyn 2006, 86–95.

67 Michael *Herbst*, Mission bringt Gemeinde in Form. Gemeindepflanzungen und neue Ausdrucksformen gemeindlichen Lebens in einem sich wandelnden Kontext. Deutsche Übersetzung von „Mission-shaped Church. Church Planting and Fresh Expressions of Church in a Changing Context" (2004), Neukirchen 3. Aufl. 2008.

68 Vgl. grundlegend dazu: Callum G. *Brown*, The Death of Christian Britain. Understanding secularism 1800–2000, London/New York 2001.

matisch top down angeht.[69] Sie ist allerdings eine Staatskirche, und sie ist „anglican", sie ist britisch[70], und auch dort
hängt viel an konkreten Personen[71]. Das hat erhebliche Auswirkungen auf die Möglichkeiten einer Diversifikation in
Frömmigkeitsstilen. Ob eine Kirchengemeinde Alphakurse
erfindet (wie Holy Trinity Brompton [HTB] in London das für
sich reklamiert) oder ob sie ein intellektuell anspruchsvol-
les Kulturprogramm fährt, ob sie christliche Bildungsgüter
vermitteln oder sozial-diakonisch aktiv ist, das hindert alle
diese Initiativen nicht, sich immer als Teil der großen „anglican family" zu sehen.

Kirchliche Aktionsebene ist die *„diocese"*. Die *„parish"* ist
der Einsatzort des geistlichen Personals. Deshalb ist es ganz
logisch, dass die *bishops mission order* (bmo) auf Diözesen-
Ebene erfolgt und von dieser Organisationswarte aus den
missionarischen Gemeindeprojekten aufhilft, sie für einen

---

69 Breaking new ground, Mission shaped church, measure for maesure-Re-
   port, Measure 2007 no 1 und Measure 2011 No 3.

70 Geert *Hofstede*/Gert Jan *Hofstede*: Cultures and Organizations. Software
   of the mind. Intercultural Cooperation and its importance for survival,
   rev. and expanded 2nd Edition 2005, chapter 5 „What is different is dangerous", 163–205 (164, 165): „In the IBM research Britain and Germany score
   exactly alike on the two dimensions of power distance (both 35) and mas-
   culinity (both 66). On Individualism the British score considerably higher
   (89 versus 67). The largest difference between the two countries, however,
   is on the fourth dimension labeled *uncertainty avoidance*."

71 Hier ist insbesondere das persönliche Verdienst, die verschiedenen Inter-
   essenlager zusammenzuhalten von Bischof *Rowan Williams* nicht zu un-
   terschätzen; vgl. dazu Annegret *Lingenberg*, Rowan Williams – Rücktritt
   des Erzbischofs von Canterbury, MD 02/12 Berichte und Analysen, 33–35;
   jüngst: Christian *Zaschke*, Ein Bischof für alle Fälle. Justin Welby ist für
   Frauen in hohen Kirchenämtern und skeptisch gegenüber Schwulen. Ein
   Widerspruch? Mitnichten. Das neue Oberhaupt der Anglikaner muss vor
   allem Mittler zwischen konservativem und liberalem Flügel sein. SZ v.
   10./11. Nov. 2012 (Nr. 260) 8.

Zeitraum von fünf Jahren stützt und pflegt, um dann den Reifeprozess (*maturing process*) zu evaluieren.

Wer sich durch die professionelle englische Rechtssprache durchbeißt, wird erkennen, dass der Abschnitt „*Mission*" in dem seit Juli 2012 in Kraft stehenden Gesetz[72] bestimmte Verfahrensschritte vorsieht und zugleich auf einige Kernthemen der Organisation Wert legt. Dies sind die sachlogischen Topoi, die wir bei uns finden.

Sieben Themenbereiche sind das Destillat zum Themenfeld Gemeinde.[73]

1. Leitung (wie, wer, wen oder was)
2. Mitgliedschaft (wer, wann)
3. Arbeitsfelder (evtl. nur exemplarische?)
4. Finanzen (Kirchensteuer, weitere Säulen)
5. Pfarrer und Mitarbeitende
6. Bekenntnisstand (insbesondere bei Unionskirchen)
7. Verhältnis zur (Gesamt-)Kirche.

Diese Fragen müssen wir – auch kirchenrechtlich – beantworten, wenn wir Gemeinde formen wollen. Besonderes Gewicht kommt dabei dem Verhältnis zur Gesamtkirche zu.

Baden

Die Badische Kirche kennt einige Besonderheiten, die andere Landeskirchen so nicht tradiert haben. Der (neue) Art. 30 der Badischen Grundordnung sieht Personalgemeinden vor. Personalgemeinden werden als Pfarrgemeinden errichtet. Pfarrgemeinden sind im badischen Kirchenrecht mit selb-

---

72 Mission and pastoral measure 2011 No 3, Part 7 Mission. Mission initiatives, Art. 80 bis 84; siehe <http://www.legislation.gov.uk/ukcm/2011/3/contents> [abgerufen am 10. Nov. 2012, 20:45].

73 Vgl. dazu: Hans-Tjabert *Conring*, Kurzgutachten „neue Gemeindeformen" vom 4. April 2008, LKA.EKvW Az. 001.14/02, Ziff 19. (unveröffentlicht), wo 15 Themenbereiche (a bis o) analysiert werden.

ständigen Rechten versehene Teile einer Kirchengemeinde. Nur die Kirchengemeinde aber ist eine Körperschaft öffentlichen Rechts und damit rechtsfähig. Die Kirchengemeinde wird von einem Kirchengemeinderat geleitet, die Pfarrgemeinde von einem (gewählten) Ältestenkreis. Bei Kirchengemeinden mit nur einer Pfarrgemeinde nimmt der Ältestenrat die Funktion des Kirchengemeinderates war.

Mitglieder der Landeskirche können nach Art. 30 GO.EKiBA zu besonderen Gemeindeformen als Körperschaften kirchlichen Rechts (d. h. Pfarrgemeinden) zusammengeschlossen werden, wenn ein bestimmter Personenkreis, ein besonderer Auftrag oder eine besondere örtliche Bindung die Errichtung auf Dauer rechtfertigen und die Zahl der Gemeindeglieder ein eigenständiges Gemeindeleben erwarten lässt. Diese Gemeinden unterstehen der landeskirchlichen Rechtsordnung und dürfen die Einheit der Landeskirche und das Zusammenleben der Kirchengemeinden nicht gefährden. Form und Voraussetzung für die Errichtung solcher Gemeinden, Finanzierung, Personalzuweisung sowie weitere Anforderungen werden durch Gesetz geregelt[74]. Dabei sind – mit verfassungsändernder Mehrheit – auch dauerhafte Abweichungen von der Grundordnung möglich. Art. 31 GO.EKiBA sieht ein Verfahren der Anerkennung von Gemeinschaftsgemeinden vor mit der Folge, dass diese beratend in den Leitungsorganen der örtlichen zuständigen Kirchengemeinden mitwirken können.

Württemberg

In Württemberg wandert der Blick bei Innovationen auch nach Baden und die Diskussion auf der Landessynode im Juli

---

74 Kirchliches Gesetz über besondere Gemeindeformen und anerkannte Gemeinschaften – Personalgemeindengesetz (PersGG) (Oktober 2007).

2012 (Balingen) hat gezeigt, dass damit noch nicht alle Fragen beantwortet sind.

Die Württembergische Kirche hat eine der ältesten Verfassungen (von 1920), aber auch eine der kürzesten. Im Kirchenverfassungsgesetz steht gar nichts zur Gemeinde. Das findet sich alles in der Kirchengemeindeordnung von 1924. Dort gibt es schon den § 56 b, der Einrichtungen, Gruppen, Kreisen und Werken der Gemeinde eine gewisse organisatorische Form innerhalb der Kirchengemeinde erlaubt und gewährt. Im Sommer 2012 ist eine Ergänzung (§ 56 c) diskutiert worden, wonach in ähnlicher Weise auch sog. personale Gemeinden ermöglicht werden sollen. Die Diskussion rankte sich auch um die Frage, ob die bessere Regelungsebene nicht besser der Kirchenkreis sei. Der Normgebungs-Prozess dort läuft noch.

Rheinland

Die Rheinische Kirchenordnung sieht im Art. 12 KO.EKiR[75] vor, dass die Kirchenleitung bei selbstständigen diakonischen Einrichtungen Kirchengemeinden errichten kann, dass Kirchengemeinden auch als Personalgemeinden für bestimmte Aufgabenbereiche gebildet werden können und dass für bestimmte Aufgaben in Kirchengemeinden personale Seel-

---

75 Artikel 12

(1) Die Kirchenleitung kann bei selbstständigen diakonischen Einrichtungen Kirchengemeinden errichten. Das Nähere regelt ein Kirchengesetz.

(2) Kirchengemeinden können auch als Personalgemeinden für bestimmte Aufgabenbereiche gebildet werden, wenn daran ein gesamtkirchliches Interesse besteht. Das Nähere regelt ein Kirchengesetz. Für dieses Kirchengesetz gilt Artikel 144 Absatz 1 Satz 2.

(3) Für bestimmte Aufgaben können in Kirchengemeinden personale Seelsorgebereiche gebildet werden. Das Nähere regelt ein Kirchengesetz.

sorgebereiche gebildet werden können. Für „das Nähere"
wird auf ein Kirchengesetz verwiesen, das für die Personalgemeinden eines Mehrheitsquorums wie einer Verfassungs-
änderung bedarf und auch deshalb noch nicht erlassen
ist.

Ein 2008 eingefügter Art. 14 a KO.EKiR[76] sieht die Anbindung von evangelischen Gemeinden fremder Sprache und
Herkunft vor. Voraussetzung ist die Akzeptanz der rheinischen Bekenntnisgrundlagen sowie eine wenigstens seit
drei Jahren bestehende Gemeinde mit mindestens 50 Mitgliedern, die auf Dauer angelegt ist. Schließlich muss eine
mindestens einjährige Zusammenarbeit auf Gemeinde-,
Kirchenkreis- oder landeskirchlicher Ebene bestehen. Des
Weiteren sollen die Mitglieder auch Gemeindeglieder in der
EKiR sein und die Gemeinde muss ein gewähltes Leitungs-
organ als Ansprechpartner für die EKiR haben. Diese besondere Gemeinde kann dann einer Kirchengemeinde der EKiR
zugeordnet werden. Folge ist die wechselseitig beratende
Teilnahme einer entsandten Person an den Leitungsgremien
sowie die Pflicht, eine (kostenneutrale) Vereinbarung über

---

76 Art. 14 a:

  (1) Die Kirchenleitung kann mit evangelischen Gemeinden fremder Sprache und Herkunft im Gebiet der Evangelischen Kirche im Rheinland
  Vereinbarungen über deren Anbindung treffen. Darin ist insbesondere
  die Zuordnung zu einer Kirchengemeinde der Evangelischen Kirche im
  Rheinland zu regeln.

  (2) Ein Mitglied des Leitungsgremiums der Gemeinde fremder Sprache
  und Herkunft kann an den Sitzungen des Presbyteriums der Kirchengemeinde der Evangelischen Kirche im Rheinland, der seine Gemeinde
  zugeordnet ist, mit beratender Stimme teilnehmen.

  (3) Das Nähere regelt ein Kirchengesetz. – Artikel 14 a eingefügt durch
  Kirchengesetz vom 10. Januar 2008 (KABl. 146) mit Wirkung ab 1. Mai
  2008. Ergänzend dazu: Kirchengesetz zur Anbindung von Gemeinden
  fremder Sprache und Herkunft vom 11. Januar 2008 (KABl.EKiR 153).

die Zusammenarbeit, Raumnutzung usw. zu treffen. Bei Streitigkeiten kann der Kreissynodalvorstand die Kirchenleitung als Schlichtungsstelle anrufen, die ggf. auch einen Schiedsspruch erlässt.

Westfalen

In Westfalen haben wir einen Erkenntnisprozess durchlaufen, in dessen Rahmen eine Arbeitsgruppe in zweijähriger Beratung einen Bericht zu dem Themenkreis verfasst hat. Die Kirchenleitung hat diesen Bericht zu den „neuen Gemeindeformen" 2010 entgegengenommen.[77] Darin wird ein pragmatisches und vorsichtiges (nicht schüchternes, sondern angemessenes) Vorgehen empfohlen. Die westfälische Landeskirche verzichtet darauf, während der laufenden, aber noch jungen Debatte über Gemeindeformen diese Entwicklungen schon in die Kirchenordnung einzuzeichnen.[78] Dabei hat auch der Blick zum westlichen Nachbarn, der Rheinischen Kirche, geholfen, die – wie auch sonst oft – innovative Speerspitzen früh auf landessynodaler Ebene bearbei-

---

77 Vgl. Downloadbereich unter www.ekvw.de .

78 Vgl. dazu auch die Äußerung zur „Ekklesiologie der Region" bei: Thies *Gundlach*/Thorsten *Latzel*, Dank an Wilfried Härle für das EKD-Gutachten, in: „Geistlich Leiten – ein Impuls" 6/2012 epd-Dokumentation, 54–56 (55): 5. Region. Braucht es nicht eine neue „Ekklesiologie der Region", in der die Herausforderungen des Zusammenwirkens über die einzelne Ortsgemeinde hinaus eine neue Deutung erfährt? (Dies knüpft an die Diskussion in Volkenroda mit Herrn Prof. Dr. Heckel im Anschluss an ihren Vortrag.) Und was bedeutet diese für das „Leiten anderer Leiter" (Dekane) wie für das Sich-Leiten-Lassen? Bleiben die speziellen Herausforderungen etwa des Dekan-/Superintendentenamtes nicht ausserhalb des Sichtfeldes, wenn man nur von den „Funktionen" ausgeht? Die Gefahr könnte sein, dass die großen Herausforderungen und das z.T. wirkliche Leiden in den verschiedenen Ebenen kirchlicher Leitung (Pfarramt, mittlere Ebene, ...) nicht ausreichend zu Geltung kommen.

tet. Hier hat das allerdings nicht weitergeführt. Das ist ein Risiko, das auch die Württemberger Diskussion zeigt.

Das Beispiel aus dem Kirchenkreis Hattingen-Witten weist – natürlich – etliche Besonderheiten aus. Es eignet sich dadurch als Beispiel. Zum einen besteht die *Creative Kirche Witten* seit über 20 Jahren und ist nicht zuletzt durch ihre kirchenmusikalischen Erfolge[79] bundesweit bekannt. Zum anderen haben die Kirchengemeinden des Kirchenkreises im Sommer 2012 gemeinsam synodal dem „Experiment" einer Kreissynodalen Gemeinde zugestimmt. Die dort in einer Ordnung des Kreissynodalvorstandes beschriebene Gemeindeleitung weist folgende Zusammensetzung aus:

Die Leitung der Gemeinde *Creative Kirche* sieht eine Dreiteilung der Zusammensetzung vor: Ordinierte, Kirchenmitglieder, weitere engagierte Christenmenschen. Diese Leitungsaufteilung findet sich auch in den englischen Statuten, in der Badischen Ordnung und in den Württembergischen Normen.

Wenn ein so traditionelles Unternehmen wie Kirche, das erst dabei ist, eine ausgeprägte Sprachwelt zu den Themen Selbstorganisation und Management zu entwickeln[80], etwas Neues wagen will, dann ist pragmatische Vorsicht geboten.[81] Experimentierklauseln – explizit oder implizit – sind hier

---

79 Vgl. etwa Gospelkirchentage und Kindermusicals.

80 Vgl. dazu: Gerhard *Wegner*, Selbstorganisation als Kirche? Probleme geistlicher Leitung im Protestantismus, in: Jan *Hermelink, und* Gerhard *Wegner* (Hg.), Paradoxien kirchlicher Organisation. Niklas Luhmanns frühe Kirchensoziologie und die aktuelle Reform der evangelischen Kirche, Würzburg 2008, 277–332.

81 Für ein pragmatische Anwendung von Innovationstheorie auf Kirchengemeinde vgl.: Steffen *Fleßa*, Innovative Theologie – Theologie der Innovation, in: Matthias *Bartels*/Martin *Reppenhagen* (Hg.), Gemeindepflanzungen – ein Modell für die Kirche der Zukunft?, Neukirchen-Vluyn 2006, 154–183.

eine hilfreiche Sache. Das Neue muss man dann loslassen und seine (scheinbare) Unvollkommenheit mit elterlicher Gelassenheit tragen.

7. Schluss und Ausblick mit Paulus

a) Zusammenfassender Rückblick

Anatomie der Organisationspersönlichkeit
Der Titel meiner Ausführungen hat behauptet, dass Kirchenrecht als Anatomie einer Organisationspersönlichkeit verstehbar sei. Wir haben gesehen, dass das Kirchenrecht Kirche als Organisation beschreibt und dabei ihre transzendente Aufhängung beachtet. Ebenso ist erkennbar geworden, dass viele Formulierungen und Worte geschichtsbeladen sind. Wir haben auch gesehen, dass die Analyse des Kirchenrechts uns helfen kann, anschlussfähige Weiterentwicklungen der Organisationspersönlichkeit Kirche zu leisten.

Ein Blick ins Recht erleichtert das Organisationsverständnis
Das Studium des Kirchenrechts erleichtert also das Organisationsverständnis. Dabei wird vorausgesetzt, dass die Ebene der Rechtsanwendung durch die Ebene der Rechtssetzung ergänzt wird.

Werkzeugkoffer für Qualitätssicherung
Das Kirchenrecht ist die ererbte Organisationsgestaltungsform unserer Institution. Wenn wir die Qualität dieser Organisation verbessern wollen, müssen wir den Blick in den Werkzeugkoffer werfen. Die Möglichkeit der Unterscheidung von Aggregatzuständen des Rechts im Entstehungsprozess erlaubt es allen, an der Gesetzgebung mitzuwirken. Wichtig

ist aber, dass immer zwischen Werkzeug, Werk und Meister unterschieden wird.

*Ein Blick ins Gesetz erleichtert das Finden
des richtigen Werkzeugs*

In großen und komplexen Organisationen gibt es viele Baustellen. Nicht alle sind wesentlich, nicht alle sind unabhängig voneinander. Eine wichtige Unterscheidung bei dem großen Thema „Reform" ist die zwischen Reparatur und Verbesserung.[82]

b) Mit Recht Grenzen überschreiten (Schluss und Ausblick mit Paulus)

Paulus schreibt der Gemeinde in Korinth eine doppelte Mahnung. Mit dem Satz „Alles ist mir erlaubt, aber nicht alles ist zuträglich. Alles ist mir erlaubt, aber nichts soll Macht haben über mich" (1Kor 6,12)[83] stellt Paulus als Maßstab die Freiheit des Christenmenschen nach vorne. Diese Freiheit erschöpft sich nicht in einer „Freiheit von", sondern sie bleibt bei der „Freiheit für".

Mit dem zweiten Satz „Alles ist erlaubt, aber nicht alles ist zuträglich. Alles ist erlaubt, aber nicht alles baut auf" (1Kor 10,23) stellt Paulus die Zielorientierung der Auftragserfüllung nach vorn. Es geht um den Aufbau der Gemeinde Christi – und damit auch um die Einheit der Kirche. Alles Handeln ist ein Handeln im Kontext; eine Freiheit von diesem Kontext gibt es nicht.

---

82 Martin *Honecker*, Evangelisches Kirchenrecht. Eine Einführung in die theologischen Grundlagen, Bensheimer Hefte 109, Göttingen 2009, 286 (§ 17 Reform der Kirche – Reform des Kirchenrechts).

83 Zürcher Bibel 2007, 3. Aufl. Zürich 2009.

Einheit und Freiheit sind damit für Veränderungsprozesse, wie sie kirchliche Arbeit, insbesondere Mission, gezielt oder beiläufig in Gang setzt, die entscheidenden Maßstäbe. Das Ziel, der Mission Gottes zu dienen und die Freiheit der Christenmenschen zu wahren, darf bei allen missionarischen, kirchlichen Aktivitäten nicht aus dem Blick geraten. Diese doppelte Erlaubnis-Schranke des Paulus ist auch Maßstab für die rechtliche Ordnung einer kirchlichen Organisation.

Für Risiken und Nebenwirkungen schlagen Sie in der Verfassung nach oder fragen Sie Ihre Organisationsberater.

Hans-Hermann Pompe

Die kreative Region

Was die Kirche von dem Stadtvisionär Charles Landry lernen kann

„Es bedarf schon eines sehr ungewöhnlichen Verstandes,
um das Offensichtliche zu untersuchen."
Alfred N. Whitehead

Auf der Empore, unter den Männern, durchleidet der kleine
Maarten die langen Gottesdienste seiner Kindheit im niederländischen Bible Belt. Neben ihm sitzt der alte See-
mann Quack, einst ein schlechter Mensch, so hat ihm sein
Vater erzählt, aber jetzt ist er bekehrt und kommt zweimal
jeden Sonntag. Quack schweigt leider über seine interessante Vergangenheit, aber er schenkt dem Jungen immer
zu Beginn der Predigt ein Pfefferminzbonbon. Dann hat
dieser zusammen mit den drei Pfefferminzbonbons von der
Mutter vier Pfefferminzbonbons, um die Predigt durchzu-
halten. Er weiß aus langer Erfahrung: „Eine Predigt dauert
ungefähr sechs Pfefferminzbonbons Lutschzeit. Wenn ich
vier aufgelutscht habe, dauert es zum Glück nicht mehr
so lange." Außerdem gibt es hilfreiche Rituale wie Orgel-
pfeifen zählen. Er weiß genau, wie viele es sind, er hat sie
schon oft gezählt, dennoch zählt er sie, genauso wie die
Buchstaben auf der Tafel über der Kanzel, die kleinen Schei-
ben eines jeden Fensters und die Lampen in der Kirche,
„jeden Sonntag wieder, um die Langeweile zu vertreiben".[1]

---

1 Maarten *'t Hart*, Brachland, in: *ders.*, Das Pferd, das den Bussard jagte, Piper
   TB 3827, München 2004, Zitate 10.13.

Muss Kirche langweilig sein? Oder kann sie Kreativität ermöglichen und ausstrahlen?

Im Kirchenbezirk A herrscht ein hohes Maß an Innovation und Interesse: Verschiedene Gottesdienste werden für unterschiedliche Zielgruppen angeboten, die Musik in den Kirchen deckt ein breites Spektrum ab, die Kinder- und Jugendarbeit erweckt mit originellen Veranstaltungen immer wieder die öffentliche Aufmerksamkeit. Zwischen den Hauptamtlichen herrscht ein Klima von Kooperation und freundschaftlicher Konkurrenz, bei Bewerbungen in die Region melden sich innovative junge Menschen. Der Kirchenbezirk hat es in den letzten Jahren mehrfach geschafft, gemeinsame Strategien für übergemeindliche Aufgaben im Konsens umzusetzen. Das Klima ist geprägt von Neugier und Aufbruch: Neues wird aktiv gesucht.

Im Kirchenbezirk B drängen die ungelösten Probleme immer wieder nach vorne: Die innerkirchliche Diskussion dreht sich seit Jahren um den Gebäude- und Personalbestand, mehrere Gemeinden sind untereinander zerstritten, manche Hauptamtliche warten sehnsüchtig auf ihren Ruhestand. Der Kirchenbezirk gilt als schwer leitbar; es macht große Mühe, Kandidaten für lokale und regionale Gremien zu finden. In der Öffentlichkeit wird häufig von kirchlichen Auseinandersetzungen berichtet. Das Klima ist geprägt von angestrengter Mühe und Problemdruck: Das Hergebrachte ist die Regel.

Beide Regionen sind sozial, ökonomisch und demographisch ähnlich strukturiert. Vergleichbar sind auch ihre gesellschaftlichen Rahmenbedingungen und Herausforderungen, die finanziellen Möglichkeiten und die Stellenausstattungen. Kaum vergleichbar sind Stimmungen und Verhaltensmuster, sie wirken wie verschiedene Klimazonen. In A gibt es einiges an Kooperation und Vertrauen, missionarischer und diakonischer Innovation; in B herrschen eher Einzelkämpfertum vor, Sorge um Bestand und Aufrechterhaltung des Vorhandenen. Den einen Bezirk kennzeichnet „Siehe, ich will ein Neues schaffen, jetzt wächst es auf, erkennt ihrs denn nicht?" (Jes 43,19), den anderen trifft eher „Sei getreu bis in den Tod" (Offb 2,10).

Eine Predigt bzw. die Kirche kann man nur mit Pfefferminzbonbons und Zählritualen überleben? Christliche Kirchen, ihre Gemeinden, Gottesdienste und Regionen haben keinen kreativen Ruf, sie stehen eher für Langeweile, so etwa ein beunruhigendes Ergebnis einer großen europaweiten Konfirmandenstudie: „Der Gottesdienst als der Ort, wo christliche Gemeinschaft ihren dichtesten Ausdruck finden sollte, wird von den befragten Konfirmanden mehrheitlich als ein Ort der Langeweile erfahren."[2] Menschen entscheiden emotional über ihr Kommen, Bleiben und Heimischwerden. Eine fröhliche Stimmung, ein beziehungsoffenes Klima oder eine kreative Atmosphäre sind weiche Faktoren, die einen entscheidenden Unterschied bedeuten können.[3] Sie verlocken zum Kommen, sie öffnen Ohren und Herzen, sie motivieren zur Mitarbeit, sie rufen Kreativität hervor, sie ziehen Ehrenamtliche an, sie bringen verborgene Schätze ans Tageslicht, kurz: Sie machen einen Unterschied aus zwischen Resignation und Resilienz, zwischen Abbruch und Aufbruch.

---

2   Henrik *Simojoki*/Wolfgang *Ilg*/Friedrich *Schweitzer*, Europäische Impulse für die Konfirmandenarbeit. Empirische Befunde aus einer internationalen Studie, Deutsches Pfarrerblatt, 4/2011.

3   Die letzte Kirchenmitgliedschaftsuntersuchung der EKD hat gezeigt: Neben relevanter Predigt und verständlicher Sprache gehören fröhliche Stimmung und erfahrbare Gemeinschaft zu den stärksten Erwartungen an den Gottesdienst. Vgl. Wolfgang *Huber*/Johannes *Friedrich*/Peter *Steinacker* (Hg.): Kirche in der Vielfalt der Lebensbezüge. Die vierte EKD-Erhebung über Kirchenmitgliedschaft, Gütersloh 2006, 81.

Das Klima und die Atmosphäre ziehen an oder schrecken ab – vor Ort und in der Region. Charles Landry ist so etwas wie ein „Stadtflüsterer": Der englische Stadtforscher evaluiert, inspiriert und begleitet weltweit Städte, darunter Aufbruchsregionen wie die Boommetropolen der weltweiten Globalisierung oder die zurückbleibenden Städte, geprägt von Schwerindustrie und demographischem Schrumpfen. Seine Grunderfahrung: „creativity" macht einen entscheidenden Unterschied – egal ob überholte Strukturen oder Wachstum zu bewältigen oder ob Potential oder Anschluss an wirtschaftliche Entwicklung zu gewinnen sind. Das Herz dieser Art von Kreativität bilden kreative Menschen und Organisationen mit bestimmten Eigenschaften. Wo beides in einer Region zusammentrifft, entstehen „kreative Milieus".[4] Was ist von Landrys Stadterneuerung für die Kirche in der Region zu lernen?

1. Kreativität als Zukunftswährung

Kreativität, schöpferische Tätigkeit, gehört in Landrys Augen zum Quintett der eng verzahnten Zukunfts-Währungen[5]: Ideen werden wichtiger als Industrie, Handel oder Finanzkapital. Kreativität ist gefragt: Was originell ist, witzig, auffällig, innovativ, wird gesucht. Die „Kreativen" spielen in vielen

---

4 Charles *Landry*, The Creative City. A Toolkit for Urban Innovators, 2nd ed., London 2008, xiv. Vgl. ebd. auch: „[...] people and how they feel are highlighted as the crucial resource. The material infrastructure that makes cities work organizationally needs to support their well-being. This means planning needs to think emotionally" (introduction xxxiii).

5 „[...] one of the main currencies. Five key words form a seamless quintet: curiosity, imagination, creativity, innovation and invention." Landry 2008, introduction xxiv.

Branchen Schlüsselrollen, werden umworben und bestens bezahlt. Der Aufstieg einer „kreativen Klasse" schafft eine kreative Industrie mit neuen Verbindungen von digitalen Medien, Design und Innovationen aus dem Bereich der Künste[6].

Die weltweite Aufmerksamkeit für Kreativität profitiert von einer Änderung des Denkens, die in der Mitte des letzten Jahrhunderts begann. Mit seiner berühmten These „Jeder Mensch ist kreativ" hat der amerikanische Psychologe Joy Guilford der Kreativitätsforschung eine weite Tür geöffnet:[7] Nicht mehr die einsamen Genies, die Hochbegabten definieren Kreativität, alle Menschen haben ihr eigenes Kreativitätspotential. Kreative Elemente finden in Alltagssituationen Lösungen, schaffen Innovationen, sind für Arbeitsprozesse unersetzbar. Die Kreativitätsforschung etwa hat die Prozess-Phasen der Kreativität nach Graham Wallas aufgenommen und in unzähligen Bereichen angewandt. Ein kreativer Prozess kennt vier klassische Phasen: 1. *Intensive Problembearbeitung* mit Vorbereitung, Erkennen, Wissen, Analysen, Problemdruck. 2. *Inkubation* mit Abstand, Entspannung, Ablenkung, Weiterarbeit im Unterbewusstsein, Reifung. 3. *Illumination* mit intuitiver Einsicht, Geistesblitz, Inspiration, oft durch problemfremde Auslöser. 4. *Implementierung* mit Weiterentwicklung, Ausarbeitung, Umgang mit Widerstand, Gewinnen von Akzeptanz.[8]

Das kreative Potential ist von Kindheit an in jedem Menschen vorhanden, aber es kann blockiert oder überlagert werden. Teresa Amabile hat Kreativitätskiller bei Kindern

---

6 *Landry*, introduction, xxix, unter Verweis auf Richard *Florida*, The Rise of the Creative Class, New York 2002.

7 Den Hinweis verdanke ich den Mainzer Kreativitätsforschern Prof. Dr. Jörg Mehlhorn und Prof. Dr. Ulrich Kroppenberg.

8 Graham *Wallas*, Art of Thought, London 1926. Andere setzen vor die Ausarbeitung noch eine Bewertungsphase.

erforscht.[9] Kreativität wird z. B. verringert durch *Beaufsichtigung*: wenn wir unter ständiger Beobachtung stehen; durch *Bewertung*: Wie beurteilen mich andere? Durch *Belohnungen*: Sie können das intrinsische Vergnügen nehmen: Durch *Wettbewerb*: Ungesunde Konkurrenz kennt nur einen Sieger und dessen Tempo. Durch *Gängelung*: Vorschreiben, was wie zu tun ist – Selbständigkeit und Exploration erscheinen dann als Fehler. Durch *Einengung der Entscheidungsspielräume*, statt nach Lust entscheiden zu lassen und Neigungen zu bestärken. Durch *Druck*: überhöhte Erwartungen an Leistungen. Durch das *Vorenthalten von Zeit*, also durch Reglementieren, Unterbrechen und Herausreißen – statt selbst Zeitbedarf festlegen lassen. Viele Forscher halten es wie Amabile für die eigentliche Herausforderung, das verschüttete kreative Potential bei Erwachsenen wieder freizulegen und Blockaden zu beseitigen, um ein Klima der Kreativität zu schaffen.

Jeder ist kreativ, aber nicht jeder ist gleich kreativ: Kreativität tritt in sehr unterschiedlichen Bereichen auf. Der Erziehungswissenschaftler, Psychologe und Neurologe Howard Gardner hat sich vom engen IQ-Denken verabschiedet, indem er verschiedene Formen von Intelligenz nebeneinanderstellt: Linguistisch-sprachliche, musikalische, logisch-mathematische, räumliche, körperliche (Bewegungsintelligenz), intrapersonale (Selbsterkenntnis) und interpersonale Intelligenz. Die Liste wird von Gardner bewusst offengehalten; so hat er selbst später die naturalistische Intelligenz hinzugefügt und eine spirituelle Intelligenz in Betracht gezogen.[10]

---

9 Nach D. *Goleman*/P. *Kaufman*/M. *Ray*, Kreativität entdecken, München/ Wien 1997, 68–72.

10 Howard *Gardner*, Abschied vom IQ. Die Rahmen-Theorie der vielfachen Intelligenzen, 4. Aufl. Stuttgart 2005. Überblick bei *Goleman/Kaufman/Ray*, Kreativität entdecken, 86 ff.

„Nicht der ist schöpferisch, der erfindet oder beweist, sondern der zum Werden verhilft."[11] Kreatives Denken erlaubt
auch Regionen, enge Denkrahmen zu erweitern: „[...] kreatives Denken bedeutet, sich von starren Vorstellungen zu
befreien und sich für komplexe Phänomene zu öffnen, die
nicht in einer ausschließlich logischen Weise behandelt werden können. Es ist im Grunde ein Weg, vorher übersehene
Möglichkeiten zu entdecken."[12] So werben Landry und Bianchini für einen erweiterten geistigen Werkzeugkasten der
Kreativität: „Logische, rationale oder technische Begründun-
gen sind ein hilfreiches Werkzeug, aber eben nur eines von
vielen. So wie kein Tischler einen Tisch nur mit einem Ham-
mer bauen kann, so benötigen wir einen reicheren und ver-
feinerteren Werkzeugkasten um heutige Probleme zu erkennen und anzugehen."[13]

2. Das Klima der Kreativität

Charles Landry stellte an vielen Orten fest: Es gibt Regeln, Kriterien, Prozesse, Grundlagen und Kreisläufe, die die Dynamik
von vitalen und kreativen Metropolen erklären. Es lohnt sich,

---

11 Antoine de *Saint-Exupéry*, Die Stadt in der Wüste, Kap. 72, Ullstein TB 408,
    Frankfurt a. M. 1982, 177.

12 Charles *Landry*/Franco *Bianchini*, The creative city, London 1995, 17 (down-
    load unter http://charleslandry.com). " – „[...] creative thinking is a way of
    getting rid of rigid preconceptions and of opening ourselves to complex
    phenomena which cannot always be dealt with in a strictly logical man-
    ner. It is also a way of discovering previously unseen possibilities" (Über-
    setzung von Hans-Hermann Pompe).

13 *Landry/Bianchini*, creative city: „Logical/rational/technical reasoning is a
    useful tool, but it is only one of many. Just as a carpenter can't build a table
    with only a hammer, so we need a richer and more refined mental tool kit
    to identify and address today's problems" (Übersetzung von Hans-Hermann
    Pompe).

Landrys weltweite Erfahrungen auszuwerten für kirchliche Regionen, zum Beispiel zu fragen: Wie kann eine Region, ein Kirchenbezirk, eine Landeskirche so etwas wie ein kreatives Milieu ermöglichen? Welche Voraussetzungen benötigt eine innovative Aufbruchsbewegung? Wie kann man die vorhandenen Kreativitäten entdecken und fördern? Welche Rahmenbedingungen erwarten die Beteiligten? Worauf sollen Entscheider ihre Handlungen konzentrieren? Welche Kernressourcen müssen wofür reserviert werden? Wer ist wie zu motivieren, welche Gruppen sind wie zu beteiligen, wo sind Gremien gefragt, wo Netzwerke?

Beim Auswerten von Landrys Erfahrungen und Werkzeugkisten („Toolkit") ist einiges nur bedingt analog oder gar nicht übertragbar. Landry berät Großstädte und Metropolen; er redet auch von Regionen, hat aber ländliche Regionen meines Wissens nicht explizit im Blick. Landry arbeitet mit großen Kommunen, nicht mit Kirchen und Gemeinden (es sei denn als Netzwerkpartner in einer Region). Und er denkt in ganz anderen Maßstäben (Metropole) als in kleinteiligen kirchlichen Strukturen. Aber seine Fragen sind hilfreich, etwa:

- Wie schaffen wir Bedingungen, unter denen Menschen neugierig oder einfaltsreich werden?
- Welch eine Atmosphäre ermutigt Menschen, ihr Bestes zu geben?[14]

Für Kirche und Gemeinden in der Region übersetzt, heißt das:
- Was fördert ein regionales Klima des Aufbruchs?
- Was setzt Kreativität im Miteinander einer Region frei?
- Welche Hebel und Stellschrauben für „Klimaveränderun-

---

14 „Ho do we create conditions for people to become curious or imaginative?" „What atmosphere encourages people to give their best?", *Landry* 2008, introduction xxxiii.

gen" müssen Verantwortliche kennen und weise bedienen können?

– Welche Kreativitäten dienen der Ausbreitung des Evangeliums, dem Wachstum der Gemeinden, dem Dienst an der Gesellschaft und der Salzkraft der Kirche?

3. Region als Freiraum

Menschen wollen nach Landry Orte zum Leben – auch und gerade in der mobilen und globalen Gesellschaft: „Ort hat Bedeutung. Trotz aller Verlockungen des ‚hier und dort', des ‚irgendwann und irgendwo' spüren Menschen, wie wichtig es ist, Boden unter den Füßen zu haben und einiges auf Dauer zu stellen. Sie wollen dazu gehören, sich mit einer Gruppe identifizieren, sie suchen das Familiäre und Bekannte, das Stabile und Berechenbare genauso wie Chancen zu Veränderung und Wahl. Ironischerweise finden sogar die Wurzellosen, Rastlosen und Hypermobilen ihre Rückzugsmöglichkeiten in freundlichen Sicherheiten. Ein Gefühl für Verankerung entspricht unserer Sehnsucht nach einem Ort, den wir zu Hause nennen können, für den wir Verpflichtung und Loyalität empfinden. Gute Orte verschaffen diesen Sinn für Vergangenheit, Geschichte und Dinge, die wir schätzen, für Traditionen, die leben und nicht einengen – veränderbar, anpassbar und offen. Es geht nicht um Nostalgie, aber hier wird genau verstanden, wie Lebendigkeit und Fortschritt von dem abhängen und auf dem aufbauen, was voranging."[15]

---

15 Charles *Landry*, (Übersetzung von Hans-Hermann Pompe), auf der Seite <http://charleslandry.com>, Menuseite Making great cities/Place (eingesehen am 26.6.13). „Place matters. Despite the allure of the ‚here' and ‚there', ‚anytime', ‚anywhere' phenomenon people feel the need to be

Kirche regional zu entwickeln, kann verschiedene Gemeinden, Dienste, Netzwerke, Menschen und Gaben in einem überschaubaren Kontext vernetzen. So bildet die Region, etwa der Kirchenkreis (Dekanat, Propstei), ein ideales Labor für ekklesiologische Kreativität. Die Ordnungen unserer Kirchen bieten einige Freiräume: Sie sind offen für Veränderungen, wo lebendiges Kirchenrecht zugleich Erwartungssicherheit gibt und Innovationen Raum schafft.[16] Ein Schlüsselelement regionaler Kreativität ist die Ermutigung zum Risiko: Entwicklung von Neuem und Weiterentwicklung des Vorhandenen gibt es nicht ohne Probieren, Wagen und Scheitern. Ein Klima der Ermöglichung schafft eine ermutigende Fehlertoleranz und verändert die Konditionen: Nicht wer etwas wagt, muss sich für mögliches Scheitern entschuldigen, sondern wer nichts wagt, muss Untätigkeit erklären. Landry redet von einem Paradigmenwechsel der Urbanität. Die Vertreter der weichen Faktoren wie Kunst, ökologische Verantwortung, Design oder Künste müssen nicht mehr den Wert ihrer Beiträge („zu teuer") nachweisen – es wird

---

grounded and for some things to be constant. They want to belong and to identify with a group of people, they seek the familiar and known, the stable, predictable as well as the chance for change and choice. It is ironic that even the rootless and the restless, the hyper mobile find respite in friendly certainties. A sense of anchorage fits our desire for a place we can call home, to which we have commitment and loyalty. Good places provide this sense of a past, history, things we value and traditions that feel alive and not claustrophobic – mutable, adaptable and open. This is not about nostalgia, but understanding well how vibrancy and progress rely on understanding what went before and building on that."

16 Vgl. den Überblick von Hans-Tjabert *Conring*, Kirchenrecht überschreitet mit Recht Grenzen. Kirchenrecht als Anatomie einer Organisationspersönlichkeit und als Werkzeugkoffer für Qualitätsarbeit, in diesem Band 113 ff. Auch in: Freiraum – Theologische, juristische und praktische Ermöglichungen für Kirche in der Region, epd-Dokumentation 5–6/2013, 16–31.

umgekehrt gefragt: Was kosten uns schlechtes Design, fehlendes ökologisches Bewusstsein, Verzicht auf die Beiträge der Kunst oder auf Verschiedenheit?[17]

Innovative Regionalentwicklung schafft Freiräume für Neues in der Kirche, weil Innovationen in verfassten Strukturen mehr Energie benötigen, „um sich zu plausibilisieren, als vorhandene Strukturen und Ausprägungen. [...] Innovation weigert sich aber, neue Probleme mit überholten Antworten lösen zu wollen, denn: ‚Mehr vom Gleichen bedeutet weniger vom Gleichen. [...] Das Risiko, nichts zu tun ist größer als das Risiko der innovativen Mission.‘ [...]. Deshalb muss gute Leitung Innovation [...] ermöglichen, ermutigen, beschützen und fordern.“[18]

Neben finanziellen und rechtlichen Freiräumen sind vor allem weiche Faktoren gefragt. Sie sind nur bedingt planbar, sind schwer einzufordern, wirken aber wie Öl im Getriebe, wo wirkungsvoll gearbeitet werden soll. Zu den weichen Faktoren[19] gehören z. B.

- *ausreichende Kommunikation.* Man kann nie zu viel kommunizieren! Kommunikation braucht z. B. Transparenz, vorlaufende Information, Beteiligung der Betroffenen. „Die Kommunikation, die in einem Veränderungsprozess nötig ist, wird etwa das 10-fache von dem betragen, was du für nötig hältst!" (Carli Fiorina, CEO Hewlett-Packard).
- *zwischenmenschliche Beziehungen.* Etwa: Akzeptieren

---

17 *Landry* 2008, introduction xiii.

18 *Team ZMiR*, Region als mehrdimensionaler Gestaltungsraum. 37 Thesen zur Region. Dortmund 2012, These 28. (Bestellung oder download des Textes unter: www.zmir.de).

19 Ausführlicher bei: Hans-Hermann *Pompe*, Weiche und harte Faktoren, Beschleuniger und Bremser in regionalen Kooperationen und Prozessen, in: Erhard *Berneburg*/Volker Roschke (Hg.), „Brannte nicht unser Herz ...". Zwischen Überforderung und Verheißung, Neukirchen-Vluyn 2013, 104–109.

sich zwei wichtige Mandatsträger? Gibt es auch persönliche Begegnungs-Ebenen? Im Grunde geht es um die Sozialkompetenz der Verantwortlichen.

– *Vertrauen.* Gehen die Beteiligten mit einem Grundvorschuss von Vertrauen in Anpassungsprozesse? Gibt es schon vor und begleitend zu Projekten oder Stukturmaßnahmen vertrauensfördernde Maßnahmen?[20]

– *Gastfreundschaft und Großzügigkeit.* Dazu gehören informelle Begegnungen, am besten bei gemeinsamen Essen, ebenso auch das Sichzurücknehmen der stärkeren Partner.

– *Offenheit für sich verändernde Verläufe.* Egal, was man plant und welche Ziele abgesprochen werden: „Wasser sucht sich seinen Weg."[21] Es geht um die Freiheit zur individuellen Anpassung zentraler Prozesse, um die Fähigkeit zum Verändern von Zielen aufgrund der Prozessentwicklung, zum Nachjustieren in Prozess-Schritten.

– *Ermutigung und Inspiration.* Auch dies ist schwer planbar, gehört aber ins Zentrum: Wichtig sind ehrliche Wertschätzung, gerne gegebenes Lob, regelmäßiges Feedback. So wurde eine große Zukunftswerkstatt zweier hessischer Dekanate durch eine Videobotschaft des Kirchenpräsidenten eröffnet. Die Anwesenden haben das wie

---

20 Das ZMiR hat dafür als Werkzeug zur Vertrauensbildung in der Region einfache „Klimaverbesserer" zusammengestellt. Vgl. Hans-Hermann *Pompe*/ Christhard *Ebert*, Vertrauensbildung in der Region. Sieben Klimaverbesserer für Kooperation, Mission und Entlastung in der Region (Bestellung oder download unter: www.zmir.de).

21 Eine Erfahrung aus dem nordelbischen Reformprozess, vgl. Ulrike *Brand-Seiß*, Entwicklung von Regionen in der Nordelbischen Kirche. Erfahrungen aus dem nordelbischen Reformprozess 2004–2009, in: Daniel *Hörsch*/ Hans-Hermann *Pompe* (Hg), Region – Gestaltungsraum der Kirche (KiA 4), Leipzig 2012, 156.

eine terminlich nicht mögliche persönliche Teilnahme ihres leitenden Geistlichen empfunden.

– Jedes Leitungs-Mandat braucht *Werben um Zustimmung*. Leitung in Veränderung setzt auf die Zustimmung der Betroffenen. Autorität wird erworben, nicht in Ämtern verliehen.[22]

– Suche nach *veränderungsfreudigen Typen*. Wen beruft man in die Gremien? Welche Person-Typen sind in Veränderungsprozessen am hilfreichsten?[23] – Die Kreissynode des westfälischen Kirchenkreises Iserlohn hat in die Steuerungsgruppe des Anpassungsprozesses „Strukturen in Bewegung" unter Abweichen vom repräsentativen Proporz Personen mit besonderer Begabung und Lust berufen.

– *Traditionen und Gewohnheiten ernst nehmen.* Stehen „Altes Wertschätzen" und „Neues Wagen" in einer guten Balance? Viel Unsicherheit im Vorfeld von Kooperation oder Fusion kann z. B. durch regelmäßigen Kanzeltausch der Prediger/innen abgebaut werden. Bei der schmerzhaften Aufgabe von Gebäuden helfen Rituale wie Übernahme von symbolhaften Gegenständen in das Neue.

4. Rückgrat oder Korsett?
Vorhandene Strukturen weiter entwickeln

Charles Landry hat Städte auf ihr Kreativitätspotential hin untersucht. Dafür evaluiert er u. a. folgende Kriterien:

– Sind politische und öffentliche Anreize offen oder starr?

---

22 Vgl. „Verantwortung annehmen und Leitung gestalten". Thesen 33–37 in: *Team ZMiR*, Region als mehrdimensionaler Gestaltungsraum, Dortmund 2012.

23 Vgl. Hans-Hermann *Pompe*, Innovationen und frühe Mehrheiten. Die Diffusionsformel von Everett Rogers für die Evangelische Kirche (Bestellung oder download unter <www.zmir.de/material>).

- Wie aufgeschlossen und tolerant ist die Stadt?
- Suchen Entrepreneure (gemeint sind Start-Unterneh-
  mer, Wagemutige, Gestaltungsfreudige) und Kundschaf-
  ter (‚exploration') neue Lösungen?
- Wie beweglich und visionär ist die Leitung?
- Wie sieht die Landschaft für Talente und Lernbegierige
  aus, wie kann man sich verbessern?
- Wie sieht es aus mit Kommunikation, Anschlussmöglich-
  keiten (connectivity), Netzwerken?
- Wie hoch ist die Professionalität und Effektivität, was tun
  sie wirklich?[24]

In vielen Städten hat Landry entdeckt, dass ihre Verwal-
tungen noch ein überholtes Modell widerspiegeln: „Das
Problem städtischer Leitung ist, dass Stadtverwaltung sich
entlang von traditionellen Funktionen wie Wohnraum,
öffentliche Grünflächen, Gesundheit, Polizei oder Verkehr
organisiert. So wichtig sie sind – niemand ist dann für die
anderen Dimensionen zuständig."[25] In alten Strukturen sind
neue Dimensionen zunächst heimatlos: Zu ihnen gehören

---

24 Mündlicher Vortrag Kirchentag Hamburg 2013. – Landrys Homepage
(<http://charleslandry.com>) benennt zehn Bereiche von „key indicators of
creativity, resilience and the capacity to future proof a city: (1) political
& public framework, (2) distinctiveness, diversity, vitality and expression, (3) openness, trust, tolerance & accessibility, (4) entrepreneur-
ship, exploration & innovation, (5) strategic leadership, agility & vision,
(6) talent & the learning landscape, (7) communication, connectivity &
networking, (8) the place & placemaking, (9) liveability & well-being,
(10) professionalism & effectiveness". Nach: <charleslandry.com/contact/
join-in-the-creative-cities-index> (eingesehen am 26.6.2013).

25 „The problem for urban leaders is that city management is organized
along traditional functional lines, such as housing, parks, health, police or
transportation. Important as these are, no one is responsible for the other
dimensions" (Übersetzung von Hans-Hermann Pompe), Landry 2008, introduction xlii.

Schlüsselbegriffe wie „iconics", also attraktive Projekte und Initiativen, die eine Sogwirkung erzeugen, „artistic thinking", die einzigartige Fähigkeit der Künste, Querdenkerei und Vorstellungskraft zu fördern, oder „athmospheric and experience", die Kunst, über eine Stadt psychologisch und analog zur persönlichen Umgebung zu Hause zu denken.

Diese neuen Dimensionen einer kreativen Region brauchen ein anderes Denken, eine Sprache, die zu neuen ungewohnten Lösungen führen können. Statt nur „land use, zoning or bypasses" zu diskutieren, lernen städtische Verantwortliche auch zu fragen:

– Inspiriert unsere Stadt oder ermüdet sie?
– Bringt sie Sehnsucht hervor oder Apathie? Macht sie die Sinne lebendig oder stumpfsinnig?
– Ruft sie Bürgerstolz hervor?
– Macht sie Menschen bereit, etwas zurückzugeben?[26]

Für kirchliche Regionen ergeben sich entsprechende Konsequenzen. Auch sie denken in herkömmlichen Dimensionen von Kameralistik bzw. neuem Finanzwesen, Gebäudebestand, Stellenplan, Parochien, Kirchensteueraufkommen, Einrichtungen etc. Sie müssen lernen, darüber hinaus zu fragen:

– Welche Dimensionen fallen im herkömmlichen Denken unter den Tisch?
– Wer übernimmt Verantwortung für neue Bereiche – und für welche?
– Wo und für wen werden Erprobungsräume angeboten?
– Wie kann die vorhandene Verwaltung ihr Potential als „creative bureaucracy" entwickeln?
– Wie viel Energie wird in Netzwerke und Kommunikation investiert?

---

26 A. a. O., xlvi.

Die Dekanate Dillenburg und Herborn in Mittelhessen begannen einen Prozess der inhaltlichen Zusammenarbeit für ihre gemeinsame Region. Aus einer Zukunftswerkstatt beriefen die regionalen Leitungsgremien eine Trägergruppe, um den Prozess zu planen und zu begleiten. Aus der Zukunftswerkstatt entstand zusätzlich ein „Dreamteam", eine kleine Gruppe, die weiterdenken sollte in freien Ideen, kreativen Projekten und mit Gebet für die Region. Die Ergänzung der strukturell zuständigen Gremien (Dekane, Dekanatssynodalvorstände) durch einen Trägerkreis gab dem Prozess Struktur und Raum. Die Ergänzung durch eine kreative Gruppe erweiterte den Freiraum für potentielle Ideen. Eine Vernetzung fand unkompliziert statt durch wechselseitige Informationen und durch Personen. Der angebotene Freiraum wurde von Menschen genutzt, die darin ihre Chance und ihre Aufgabe entdecken konnten.

5. Ressourcen ganzheitlich als Schätze entdecken

Eine wesentlicher Schritt in Landrys Vorgehen ist die Identifikation von regionalen Stärken, z. B. die Identität einer Stadt, ihre geographischen Besonderheiten oder ihre historischen Bauten, aber auch nicht unmittelbar greifbare Stärken wie Traditionen, regionale Geschichten oder Fähigkeiten der Bewohner. Ein weiterer Schritt ist die Suche nach ungewohnten Lösungsansätzen angesichts von Dilemmata und Gegensätzen, etwa denen zwischen bevorzugten und vernachlässigten Stadtteilen, zwischen freiem Spiel der Kräfte und staatlichen Eingriffen, zwischen Förderung von harter Infrastruktur oder der von Aktivitäten, zwischen Prestigeobjekte- und Gemeinwesenförderung, zwischen den Interessen von Ortsansässigen und denen von Besuchern, zwischen

Zentralisierung oder Dezentralisierung. Landry plädiert dafür, die Menschen möglichst weitgehend in Prozesse von Erneuerung zu integrieren, denn ohne Beteiligung werden Projekte keine dauerhafte Unterstützung bekommen.

Sein Schlüsselbegriff sind „assets", das meint die Werte und Schätze, die Güter und Mittel einer Stadt oder Region, harte wie weiche, reale und sichtbare genauso wie symbolische und unsichtbare, Quantitäten ebenso wie Vorstellungen, es meint vor allem die Menschen und ihr Denken als entscheidende Ressourcen. Dies fördert ein neues Denken: Es geht nicht nur oder zuerst um Finanzen, Gebäude oder Infrastruktur, sondern vor allem um die Fähigkeiten, Talente und Kreativität der Menschen.

Theologisch gesehen kann der evangelischen Kirche solch ein Querdenken nicht fremd sein. Als die Kirche ihre Schätze in Reliquien und Ablässen einsargte, die Menschen im Mittelalter unter hohen Kosten erwerben mussten, um dem Fegefeuer zu entgehen, haben die Reformatoren zurückgefragt, was die wirklichen Schätze der Kirche sind. Ihre Antwort war: „Der wahre Schatz der Kirche ist das hochheilige Evangelium von der Herrlichkeit und Gnade Gottes."[27] Mitten im postmodernen „Fegefeuer der Eitelkeiten"[28] ist das ein unbezahlbarer Wert: Das Evangelium kann Veränderung auslösen, Menschen befreien und Gesellschaften inspirieren.

Dieses neue Denken, der Klimawechsel der Kreativität, entwickelt sich nicht durch Verordnungen oder Beschlüsse. Es benötigt Zeit und Prozesse, Beteiligungen und Werkstätten, Anstöße und Querdenker, Netzwerke und Inititativen.

---

27 Martin *Luther*, Disputation zur Erläuterung der Kraft des Ablasses (95 Thesen), These 62. Zitiert nach Bornkamm/Ebeling, Luther ausgewählte Werke 1, Frankurt a. M. 1982, 33.

28 Tom *Wolfe*, Fegefeuer der Eitelkeiten – ein Schlüsselroman der 90er Jahre.

Herkömmliche Hierarchien und Strukturen erwerben dabei Initiativ- und Befähigungskompetenzen, alte Erfahrungen und Wege werden erweitert durch Beziehungen und Unternehmungsgeist. Kirchliche Regionen sind reich an Schätzen: Motivierte Menschen, die ihr Engagement und ihre Gaben einbringen, ihren Glauben, ihre Liebe und ihre Hoffnung. Auch wo Finanzen zurückgehen, kann die Kirche solche Schätze heben, weil das Evangelium sich nicht erschöpft.

6. Kreative Leitung

Den entscheidenden Faktor für Veränderung, den Schatz der Schätze (,the asset of assets') bilden nach Landry die persönlichen Fähigkeiten der Führungsverantwortlichen (leadership). Sie sollen ermöglichend, befähigend und werbend leiten, im Wissen, dass Beeinflussen besser ist als pure Machtausübung. Von ihnen erwartet er sechs entscheidende Qualitäten[29]:

– *Voraussicht.* Die Fähigkeit zu Vorstellungskraft, zu Vision und zur Einschätzung, wie Trends sich auswirken werden.

– *Strategischer Fokus.* Die Fähigkeit, sich zu konzentrieren auf das „große Bild", auf die langfristigen und zukunftsrelevanten Perspektiven – unter strategischen Grundsätzen und mit taktischer Flexibilität.

– *Ganzheitliches Verständnis für Raumplanung und Stadtdynamik,* inkl. Verständnis für jene Qualitäten und Charakteristiken, die Städte groß machen.

---

29 *Landry* 2008 introduction xxxvii–viii (Übersetzung von Hans-Hermann Pompe): foresight, strategic focus, understanding urbanism and city dynamics in a holistic way, developing a culture of openess and curiosity, organizational agility, determined delivery focus.

- *Entwicklung einer Kultur von Offenheit und Neugier.* Sie eignen sich ein Ethos an, das Diskussion, kritisches Denken und permanentes Lernen fördert.
- *Organisatorische Beweglichkeit.* Die Kunst, von einer kontrollierenden, zentralisierenden und vereinheitlichenden Kultur mit hohem Vorwurfs- und geringem Risikopotential zu einer Kultur zu gelangen, die Reaktionsfreudigkeit und Flexibilität schätzt.
- *Klare Ergebnisorientierung.* Die Motivation, den Willen und die Fähigkeit umzusetzen, was versprochen wird.

Leitende Geistliche und regionale kirchliche Gremien werden unter dieses Aspekten zunehmend andere Schwerpunkte in ihrer Arbeit setzen. Regionale Leitung wird zum Nutzen aller zum „diversity management", sie wird zur weisen Koordinatorin von Verschiedenheiten und zum Vernetzungsknoten der Innovation. Regional Verantwortliche der Kirche, die Innovation und Kreativität wollen, werden andere Schwerpunkte setzen. Sie konzentrieren sich auf

- *Ermöglichen.* Zwischen dem, was denkbar ist, und dem, was gar nicht geht, liegt der Korridor der Möglichkeiten. Selbst wo die Rahmenbedingungen nur wenig zulassen, ist dieser schmale Streifen ein Zukunftsland. Hier finden Versuche statt, hier gelingen oder scheitern sie, hier darf gehofft und gesucht werden, hier entsteht, was alle voranbringt, gerade hier kann es auch verpasst werden.
- *Ermutigen.* Initiativen wollen nicht immer und zuerst Geld, sondern persönliche Unterstützung. Wo der Superintendent sagt: *Das finde ich gut!,* wo die Dekanin schreibt: *Ich unterstütze das!,* sind dies starke Impulse, um schwachen Keimen Wachstum zu ermöglichen. Und sie schützen wirksam vor dem rauen Wind, den Alteingesessenes gerne gegen Neues entfacht.
- *Erfinden.* Wo, wenn nicht auch an der Spitze, sollen neue

Wege gedacht und umgesetzt werden? Für regionale Leitungsgremien werden Zukunftswerkstätten, Laboratorien, Leitbild-Entwicklungen, Retraiten zur geistlichen Klärung und Klausuren zur Zukunft der Region regelmäßiger Standard. Sie brauchen diese Oasen neben den regulären Sitzungen, um gemeinsame Visionen zu finden, weiterzuentwickeln, zu verändern oder zu vertiefen.

– *Erproben.* Kreativität stellt mit Lust Gewohntes in Frage, um Sackgassen zu verlassen. Warum nicht für eine gewisse Zeit Gegen-den-Strich-Regeln aufstellen? Warum nicht bestimmte Routinen einmal aussetzen, um den Freiraum mit Unerwartetem zu füllen? Warum nicht eine finanzielle Unterstützung für Innovationen in den Gemeinden ausloben? Oder den Kreativpreis der Region regelmäßig verleihen? Warum nicht Menschen außerhalb der Kirche um Rat bitten: Was würdet ihr an unserer Stelle anders machen?

– *Unterstützen.* In manchen Kirchenbezirken haben die Mitglieder der Leitungsgremien bestimmte Sachgebiete zu begleiten wie Personal, Seelsorge, Diakonie, Verwaltung, Finanzen etc. Warum nicht entsprechend Aufträge vergeben für Kreativität, Vertrauensbildung, Beziehungsaufbau, Kooperation etc.? Leitung ist auch Ermöglichen. Die persönliche Unterstützung durch regional Verantwortliche, einfach schon durch regelmäßiges Nachfragen, kann enorm viel auslösen.

– *Konzentrieren.* Regionale Leitung darf und muss im Interesse des Ganzen zur Sache rufen. Sie verteidigt das, was für alle wichtig ist, gegen sekundäre Partikularinteressen. Sie muss korrigieren und ausrichten, weil sie die gesamte Region im Blick hat. Sie hat neben dem Mandat des regionalen Interessenausgleichs auch das der kreativen Prioritätensetzung. Um des Ganzen willen kann es sein, dass Einzelnes stärker als Anderes gefördert wird. Die Gießkanne der generellen Zuteilung ist kein sehr kreatives Instrument.

7. Der Kreislauf der regionalen Kreativität

Eine der bekanntesten Denkfiguren von Landry ist der „cycle of urban creativity", der Kreislauf der urbanen Kreativität. Landry benennt fünf Stufen, die sich – einmal in Gang gesetzt – wechselseitig hervorbringen und unterstützen:[30]

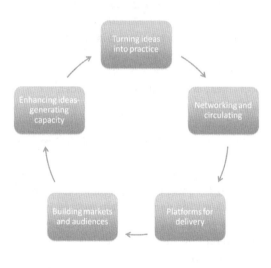

---

30 *Landry* 2008, 224–232. (1) Enhancing ideas-generating capacity, (2) turning ideas into practice, (3) networking and circulating, (4) platforms for delivery, (5) building markets and audiences.

1. *Raum für neue Ideen erweitern.* Hier geht es darum, Potentiale und Fähigkeiten innerhalb der Bevölkerung anzuregen, um neue Ideen zu entwickeln. Etwa durch Kreativforen als Treffpunkte von Wirtschaft, Universität und Kommune, durch Unterstützung von Fortbildungen, Befähigung von Erwerbslosen etc.

2. *Ideen verwirklichen.* Da Kreativität nur begrenzt auftritt und zudem sehr kurzlebig ist, muss immer wieder neuer Nährboden durch innovative Aufträge und Umsetzung der Ideen geschaffen werden. Dies geschieht z. B. durch Umsetzungs-Management in Business-Parks, Unterstützungsstrukturen für mittellose Start-up-Gründer bzw. Erfinder durch Beratung, Rechtsschutz und Räume, auch durch Mentoring oder Business-Angels-Netzwerke etc.

3. *Ideen verbreiten und Netzwerke aufbauen.* Zur Etablierung einer kreativen Stadt bedarf es eines Netzwerkes kreativer Menschen sowie Aktivitäten, die durch einen ständigen Austausch von Ideen, Informationen und Möglichkeiten lebendig gehalten werden.

4. *Plattformen für Übernahmen schaffen.* Aufbau von Zentren, die den Kreativen Raum für Experimente und Pilotprodukte sowie Ausstellungsraum zur Präsentation der Ergebnisse bieten.

5. *Ideen veröffentlichen, ihnen Gehör verschaffen.* Ideen, engagierte Menschen, Talente und Produkte brauchen ihr Publikum. Sie werden durch Netzwerke und Verteilerketten vermarktet und bekommen Chancen zur Veröffentlichung.

Kirche in der Region kann einen vergleichbaren Kreislauf beginnen oder verstärken. Er kann so aussehen: (1.) Raum für neue Ideen schaffen, (2.) Ideen verwirklichen, (3.) gute Ideen in Zukunftswerkstätten und auf Marktplätzen vernetzen, (4.) Kooperationen beginnen sowie Umsetzungen und

Übernahmen ermöglichen, (5.) Öffentlichkeit schaffen für gelingende Erfahrungen und gescheiterte Versuche.

Kreatives Denken will auf Ungewohntes lösungsorientiert reagieren. Der kleine Maarten erlebt irritiert, dass der alte Quack in diesem Gottesdienst sein Pfefferminz nicht herüberreicht. Stattdessen atmet er schwer, stirbt schließlich im Gottesdienst unter lautem Geräusch. Der Pfarrer unten reagiert hilflos: „Ob der Bruder auf der Empore vielleicht geweckt werden könnte?" Aber da ist nichts mehr zu wecken, der herbeigeeilte Arzt stellt fest: „Es ist vorbei." Nach dem Wegtragen des Toten hört man unter den Männern den Kommentar: „Ein schöner Tod so in der Kirche." Die Erwachsenen bleiben in ihren herkömmlichen Denkmustern. Der kleine Junge aber – Paradebeispiel für kreatives Denken – überlegt, wo Quack jetzt wohl sein mag. Er hat doch nichts zu essen für unterwegs. Nichts zu essen? Er flüstert der Wand zu: „Er hat das Pfefferminz noch für unterwegs. Doch gut, dass er es mir nicht gegeben hat!"[31]

---

31 Maarten 't Hart, Brachland, in: ders., Das Pferd, das den Bussard jagte, Piper TB 3827, München 2004, 18.

Literaturhinweise

Charles *Landry*, The Creative City. A Toolkit for Urban Innovators, 2nd ed., London 2008. – Die ausführliche Einleitung (Introduction) für die 2. Auflage ist eine ausgezeichnete Einführung in sein Denken.

Texte von Landry in Deutsch sind selten, die englischen Bücher bisher nicht übersetzt:

C. *Landry*, Kultur im Herzen des Wandels. Die Rolle der Kultur in der gesellschaftlichen und wirtschaftlichen Entwicklung: Lehren aus dem Schweizer Kulturprogramm (Schweiz o. J.). Eine Studie über Umbrüche in Südosteuropa, die Landry für die Schweizer Direktion für Entwicklung und Zusammenarbeit (DEZA) und die Schweizer Kulturstiftung Pro Helvetia verfasst hat. Im Internet unter: <www.deza.admin.ch>, > Publikationen.

C. *Landry*, „Veränderung ist an sich schon ein kultureller Prozess" – ein Interview des Stadtwandel-Webmagazin labkultur mit Landry. <http://www.labkultur.tv/blog/charles-landry-veraenderung-ist-sich-schon-ein-kultureller-prozess>

Einige Städte haben Material von Landry eingestellt. Siehe z. B. Dortmund:
<http://www.wirtschaftsfoerderung-dortmund.de/de/region/kreativequartiere/03_landry.jsp>

Charles Landry im Internet:
<http://charleslandry.com> – die farbige und mit vielen Bildbeispielen bestückte Homepage führt in sein Denken, seine Projekte, Ideen und Veröffentlichungen ein. Hier sind auch viele Dateien als Download zu finden.
<http://charleslandry.com/blog> – ein aktueller Blog mit Beobachtungen und Notizen zur Stadtentwicklung weltweit.
<http://creativebureaucracy.blogspot.de>– ein kleiner Blog mit innovativen Verwaltungs-Ideen.
<twitter.com/LandryTweet> – der entsprechende Twitter.

Christhard Ebert

Der Regionenkompass

Eine geistliche Architektur der Region

1. Leib Christi als geistliche Architektur der Region

Der Ansatzpunkt der folgenden Überlegungen liegt darin, die Region nicht als Strukturprinzip zu verstehen, sondern als „mehrdimensionalen Gestaltungsraum"[1], der hier aber bewusst durch eine gemeinsame geistliche Eigenschaft qualifiziert wird: „Denn wir sind durch ‚einen' Geist alle zu ‚einem' Leib getauft, [...,] und sind alle mit ‚einem' Geist getränkt" (1Kor 12,13). Damit wird ein spezifischer Blick gewählt (der andere Blicke nicht ausschließt, diesem aber zuordnet) und eine ekklesiologische Aussage getroffen, die eine grundlegende Identität und Integrität einer Region als „Leib Christi" beschreibt.

Im Folgenden wird der Versuch unternommen, die Eigenschaften einer so verstandenen Region zu beschreiben. Dieser Versuch greift auf die paulinische Theologie vor allem des Römer- und 1. Korintherbriefes zurück und lässt sich anregen von der Idee eines „Leading with Life".[2]

Die Eigenschaften einer lebendigen Region fließen in die Gestalt eines Regionenkompasses ein (s. unten), der als Wahrnehmungshilfe und Steuerungsinstrument in missionarischer Regionalentwicklung dienen kann.

---

1   S. ZMiR-Klartext „Region als mehrdimensionaler Gestaltungsraum", Dortmund 2012, These 7.

2   Matthias *zur Bonsen*, Leading with life. Lebendigkeit im Unternehmen freisetzen und nutzen, Wiesbaden 2010.

1.1 Die sieben Kennzeichen der Region als lebendiger Organismus

– *Unterschiedlichkeit:* Eine der wichtigsten Eigenschaften einer Region als Leib Christi ist Unterschiedlichkeit. „Nun aber sind es viele Glieder, aber der Leib ist ‚einer'." (1Kor 12,20) Die Unterschiedlichkeit der einzelnen Glieder wird hier eingebettet in die grundlegende Identität der Region als Leib Christi. Die aber vereinnahmt nicht. Sie löst lokale Identitäten nicht auf: Hand bleibt Hand, und Fuß bleibt Fuß. Starke lebendige Regionen haben starke lokale Akteure. Aber der Leib Christi bindet seine Glieder in gegenseitiger Solidarität aneinander.

– *Vernetzung:* Unterschiedlichkeit, Diversität, braucht Vernetzung, damit Selbstorganisation gefördert und Innovation ermöglicht wird: „Das Auge kann nicht sagen zu der Hand: Ich brauche dich nicht; oder auch das Haupt zu den Füßen: Ich brauche euch nicht." (1Kor 12,21)

– *Kooperation und Konkurrenz:* Eine Region als Leib Christi mit solidarisch vernetzten Gliedern bildet auch einen Kooperationsraum, in dem ein „Mehrwert" entsteht: „Denn wie wir an ‚einem' Leib viele Glieder haben, aber nicht alle Glieder dieselbe Aufgabe haben, so sind wir viele ‚ein' Leib in Christus, *aber untereinander ist einer des andern Glied* und haben verschiedene Gaben nach der Gnade, die uns gegeben ist." (Röm 12,4–6) Das beinhaltet auch konstruktiven Wettbewerb, solange dieser nicht personal, sondern zielorientiert angelegt ist: „Wisst ihr nicht, dass die, die in der Kampfbahn laufen, die laufen alle, aber einer empfängt den Siegespreis? Lauft so, dass ihr ihn erlangt." (1Kor 9,14) „Das Leben ist trotz Wettbewerbs kein Kampf [...] sondern ein Prozess, in dem alles alles andere anspornt, über sich hinauszuwachsen. Denn das Leben will vor allem das Leben fördern."[3]

- *Strukturen:* Regionen haben das größte Entwicklungspotenzial, wenn ihre Ordnungen beweglich und flexibel sind. Kirchliche Ordnungen sind vielfach zu stabil und verhindern damit Innovation und Entwicklung und verstellen den Blick darauf, wie das Unverfügbare des Heiligen Geistes, das Geheimnis göttlicher Wege auch in kirchlichen Ordnungen offengehalten wird: „O welch eine Tiefe des Reichtums, beides, der Weisheit und der Erkenntnis Gottes! Wie unbegreiflich sind seine Gerichte und unerforschlich seine Wege! Ihm sei Ehre in Ewigkeit! Amen." (Röm 11,33) Wenn wir in unseren Ordnungen so etwas wie eine Aufweichung und Flexibilisierung brauchen, könnte eine der wichtigsten Bedingungen dafür sein, Gott die Ehre zu geben!

- *Entwicklung:* Lebendige orientierte Regionen befinden sich in einem permanenten Entwicklungsprozess. Es gibt keinen Stillstand, solange das „große Ziel" nicht erreicht ist: „Denn das ängstliche Harren der Kreatur wartet darauf, dass die Kinder Gottes offenbar werden." (Röm 8,19) Das bedeutet allerdings keine permanente Hektik, sondern meint ein ruhiges und fließendes Werden, das sich aus der Quelle des Lebens selbst speist und nicht aus Zwängen der Selbstrechtfertigung.

- *Freiräume:* Dazu gehören Freiräume, in denen Experimente gewagt werden, Innovationen gewonnen werden und aus Fehlern gelernt werden kann.

- *In-Wert-Setzung und Solidarität:* „Und wenn ‚ein' Glied leidet, so leiden alle Glieder mit, und wenn ‚ein' Glied geehrt wird, so freuen sich alle Glieder mit." (1Kor 12,26)

---

3 *Zur Bonsen,* 40.

Solidarität und gegenseitige In-Wert-Setzung[4] dürften für die Ausbildung einer (auch neuen) regionalen Identität von größter Bedeutung sein, denn Menschen erfahren (und hören nicht nur): Du kommst hier vor – du bereicherst und stärkst – und wirst selbst gestärkt!

Verknüpfung mit dem Regionenkompass:
Diese sieben Kennzeichen werden im Regionenkompass durch sieben Kreise um eine gemeinsame Mitte abgebildet, in die sie gleichzeitig eingebettet sind.

---

4   Der ungewohnte Begriff „In-Wert-Setzung" wird trotz seiner Sperrigkeit hier dem Begriff „Wertschätzung" vorgezogen, weil er deutlich macht, dass es hier nicht nur um eine Haltung, sondern um ein aktives Tun geht.

1.2 Der Geist Christi als innere Energie und kollektives Bewusstsein einer lebendigen Region

„Denn Gott hat uns nicht gegeben den Geist der Furcht, sondern der Kraft und der Liebe und der Besonnenheit." (2Tim 1,7)

- Eine lebendige Region entfaltet sich dann am besten, wenn sie mit der Dynamik und Energie des Heiligen Geistes arbeitet und nicht gegen sie. Diese Energie ist kraftvoll, kohärent und fokussiert. Floweffekte treten ein, weil die Teile des kollektiven Bewusstseins kohärent[5] sind, in besonderem Maße „ganz" sind und eine ganze Region in diesem Zustand zu einer „optimal zusammenwirkenden Ganzheit wird, deren Denken und Handeln kohärent auf einen gemeinsamen Zweck ausgerichtet ist"[6]. „Wir haben aber diesen Schatz in irdenen Gefäßen, damit die überschwängliche Kraft von Gott sei und nicht von uns." (2Kor 4,7)
- In Verbindung mit der Realität einer Region (ihren Themen) und der Vision einer Region (ihrer Leidenschaft) bewirkt die Energie des Geistes die innere Orientierung der in der Region lebenden und handelnden Menschen in Verbindung mit der Summe der Geschichten, die zum kollektiven Bewusstsein gehören.

1.3 Leidenschaft

Die „Seele" einer lebendigen Region hat etwas mit ihrer tiefsten Leidenschaft, ihrer „Kern-Leidenschaft"[7] zu tun: „Seid

---

5 Zum Kohärenzgefühl vgl. Aaron *Antonovsky* und Alexa *Franke*: Salutogenese. Zur Entmystifizierung der Gesundheit, Tübingen 1997. Dann auch: Mihaly *Csikszentmihalyi*, Flow. Das Geheimnis des Glücks, Stuttgart 2010.

6 *Zur Bonsen, 13.*

7 *Zur Bonsen, 83.*

nicht träge in dem, was ihr tun sollt. Seid brennend im Geist. Dient dem Herrn." (Röm 12,11) Diese Kern-Leidenschaft entspricht der Zukunft, die sich manifestieren kann, der Vision, die aus den Verheißungen Gottes entsteht. Zur Leidenschaft gehören auch:

- Der Auftrag der Region, ihr höherer Zweck: „So sind wir nun Botschafter an Christi statt, denn Gott ermahnt durch uns; so bitten wir nun an Christi statt: Lasst euch versöhnen mit Gott!" (2Kor 5,20)
- Die inneren Werte der Region: „Die Frucht aber des Geistes ist Liebe, Freude, Friede, Geduld, Freundlichkeit, Güte, Treue, Sanftmut, Keuschheit; gegen all dies ist das Gesetz nicht. Lasst uns nicht nach eitler Ehre trachten, einander nicht herausfordern und beneiden." (Gal 5,22.26)
- Die Zielorientierung der Region: „Eins aber sage ich: Ich vergesse, was dahinten ist, und strecke mich aus nach dem, was da vorne ist, und jage nach dem vorgesteckten Ziel, dem Siegespreis der himmlischen Berufung Gottes in Christus Jesus." (Phil 3,13.14)
- Und konkret: das nächste zu erreichende große Ziel.

Verknüpfung mit dem Regionenkompass – die Mitte:

Die Punkte 2 und 3 bilden im Regionenkompass die Mitte[8] ab. Diese Mitte kann je nach Perspektive verschiedene Bedeutung annehmen:

1. Sie steht für den Leib Christi als umfassende und integrierende Repräsentation der Gegenwart des auferstandenen Christus.
2. Sie steht für das Evangelium als Selbstoffenbarung des liebenden, sich hingebenden inkarnierten Gottes.
3. Sie steht für die Energie des Heiligen Geistes als Wirkmacht des Vaters und des Sohnes.
4. Sie steht für die Kern-Leidenschaft und damit die „Seele" einer Region als Kennzeichen der Wirkmacht des Heiligen Geistes.
5. Sie steht für den Kern-Auftrag und die Vision einer Region.
6. Sie steht für strategische und operationale Ziele.

Nichts kann hier scharf getrennt werden. Die Mitte repräsentiert immer die ganze Fülle, die einzelne Aspekte je nach Wahrnehmungsperspektive aufleuchten lässt.

---

8 Der Begriff der Mitte ist insofern nicht sehr präzise, als eine Mitte in der Regel auch einen Rand impliziert, wie ein Innen ein Außen verlangt. *Diese Mitte ist aber zugleich ihr eigener Rand, Innen und Außen sind identisch. Als Leib Christi kann sie nur mehrdimensional gedacht werden, die eine Reduktion auf einzelne Aspekte grundsätzlich nicht ermöglicht.*

1.4 Gemeinschaft

Eine lebendige Region ist als Leib Christi eine Gemeinschaft.
Zu dieser gehören Merkmale wie:
- Selbstorganisation: Das Vertrauen auf die Dynamik des
  Geistes wirkt generativ und erzeugt Ordnungen höherer
  Kohärenz und Energie. Die Region wächst.[9]
- Das Wissen und Gefühl um eine Verbundenheit auf tie-
  fer Ebene, das neue Qualitäten des Zuhörens, des Redens,
  der Stille, der Wertschätzung mit sich bringt.[10]
- Ein Erleben von Ganzheit, wenn die Region mit ihrer Rea-
  lität und ihrer Leidenschaft in Verbindung steht.
- Gabenorientierung und Potenzialentfaltung. Das bedeu-
  tet Wachstum und Entwicklung mit den Zielen Regene-
  ration, Gesundung und Wirkung – vor allem dann, wenn
  sie den Möglichkeiten vertraut, die in ihr angelegt sind,
  der größtmöglichen Vision von sich selbst: „Und stellt
  euch nicht dieser Welt gleich, sondern ändert euch durch
  Erneuerung eures Sinnes, damit ihr prüfen könnt, was
  Gottes Wille ist, nämlich das Gute und Wohlgefällige und
  Vollkommene." (Röm 12,2)
- Die Kunst des sabbatlichen Lebens, in der es gelingt, sich
  immer wieder mit der grundlegenden Kraft und Dynamik des Geistes in Verbindung zu bringen, damit Energie und Gemeinschaft erneuert werden und das innere
  Feuer neue Nahrung bekommt: „Es ist also noch eine
  Ruhe vorhanden für das Volk Gottes." (Hebr 4,9)

---

9   *Zur Bonsen, 48.*
10 *Zur Bonsen, 136.*

1.5 Vernetzung und Kommunikation

Eine lebendige Region folgt eher den äußeren Mustern des Lebens[11] als standardisierten Maximen des Organisierens. Das bedeutet:

- Es gibt eine Fülle von informellen Netzwerken mit hohem Vernetzungsgrad untereinander.
- Führung und Ausführung sind nicht getrennt. Alle handeln im Sinne des Ganzen. Führung ist verteilt, Hierarchie durch Holarchie abgelöst.[12]
- Die Region lebt in einem Gewebe von Gesprächen, in denen Diversität vernetzt, Kommunikation sichergestellt und Information vermittelt werden.[13]
- Wichtige Themen werden in Open-Space-Meetings bearbeitet und notwendige Entscheidungen dort getroffen.
- Die Kommunikation des Evangeliums orientiert sich an den jeweiligen Kommunikationspartnern. Grundlegend könnte dabei das Konzept der Wirkfelder sein, das sich an der theoretischen Grundlage der Morphologischen Psychologie und ihrer Unterscheidung zwischen Handlungs- und Wirkungseinheiten orientiert. Mit Hilfe der polar aufeinander bezogenen Wirkungseinheiten kann der Wandel seelischer Gestalten im Kontext ihrer intrinsischen und extrinsischen Einflüsse untersucht werden und damit auch die Wirkung kommunikativer Prozesse.[14] Eine Übertragung auf regionale geistliche Kommunikati-

---

11 *Zur Bonsen*, 45.

12 Ebd.

13 *Zur Bonsen*, 147.

14 Eine Einführung bietet: Jens *Lönneker*, Morphologie. Die Wirkung von Qualitäten – Gestalten im Wandel, in: Gabriele *Naderer*/Eva *Balzer* (Hg.), Qualitative Marktforschung in Theorie und Praxis. Grundlagen, Methoden und Anwendungen, Wiesbaden 2007, 76–102.

onsprozesse existiert zurzeit allerdings noch nicht, wohl
aber im Blick auf die Qualitätsentwicklung im Gottesdienst.[15]

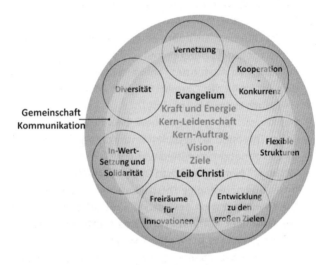

Verknüpfung mit dem Regionenkompass – erster Ring:
Die Punkte 4 und 5 bilden im Regionenkompass den innersten der
drei verbindenden Ringe ab. Diese Verbindungen sind jedoch als
Querschnittsthemen nicht inhaltlich oder energetisch zu verstehen
(das geschieht durch die Mitte), sondern perspektivisch. Sie sind
Wahrnehmungshilfen. Sie wirken wie eine Brille, die bestimmte Aspekte schärfer hervortreten lässt als andere. Sie ermöglichen daher
Übersichtlichkeit, ohne die Komplexität der Region reduzieren zu
müssen. Mit einem Bild ausgedrückt: Sie ermöglichen es, einzelne
Baumarten im Wald wahrnehmen zu können, ohne sich im Wald zu
verirren.

---

15 Siehe dazu: Arbeitskreis Qualitätszirkel, Gegensätze ziehen sich an, in:
Folkert *Fendler*/Christian *Binder* (Hg.), Gottes Güte und menschliche Gütesiegel. Qualitätsentwicklung im Gottesdienst, Leipzig 2012, 183–211.

1.6 Führung und geistliche Leitung

„Denn Gott hat uns nicht gegeben den Geist der Furcht, sondern der Kraft und der Liebe und der Besonnenheit." (2Tim 1,7)

Geistliche Leitung bedeutet nicht automatisch Leitung durch Geistliche.[16] Sie bedeutet aber Leitung *durch* den Heiligen Geist und *im* Geist der Kraft, der Liebe und der Besonnenheit. In diesen drei Aspekten bilden sich auch die drei Dimensionen geistlicher Leitung ab.

- Leitung im Geist der Kraft ist die prophetische, visionäre und richtungweisende (priesterliche) Dimension. Diese Dimension ist am engsten mit der Mitte verbunden.
- Leitung im Geist der Liebe ist die partizipatorische, kommunikative und gemeinschaftsstärkende (pastorale) Dimension. Sie ist in besonderer Weise mit dem inneren der drei Ringe (Gemeinschaft und Kommunikation) verbunden, aber auch mit den Aspekten Solidarität, Diversität, Vernetzung und Kooperation.
- Leitung im Geist der Besonnenheit ist die deutende, konzeptionelle, lehrende und erkenntnisorientierte (prophetische) Dimension. Sie ist in besonderer Weise mit dem äußeren dritten Ring (Management) verbunden, aber auch mit den Aspekten Freiräume, Entwicklung und Strukturen.

---

16 Zum Thema: Peter *Böhlemann*/Michael *Herbst*, Geistlich leiten. Ein Handbuch, Göttingen 2011.

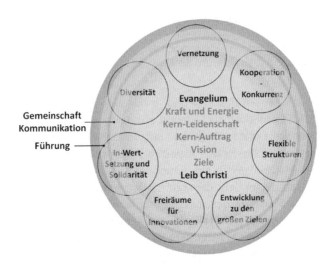

Verknüpfung mit dem Regionenkompass – zweiter Ring:
Der Punkt 6 bildet den mittleren Wahrnehmungsring „Führung" ab.

1.7 Freiheit und Bindung

Jedes soziale, sich selbstorganisierende System bildet aufgrund seiner autopoietischen Eigenschaft Strukturen aus. Eine lebendige Region, die mit ihrer Realität, ihrer Vision und der Energie und Dynamik des Geistes in Kontakt ist, wird Strukturen bilden, die dem Muster des Lebens und dem Leib Christi Rechnung tragen. Sie werden dem Leben und der Leidenschaft dienen, Freiheit ermöglichen und Bindung an die innere Mitte unterstützen.

– In ihrer Summe sind und wirken sie salutogen:[17] „Der

---

17 Dem entspricht die ZMiR-These 25: Regionale Entwicklungen haben emanzipierende Grundzüge.

Herr ist der Geist; wo aber der Geist des Herrn ist, da ist Freiheit." (2Kor 3,17) „Denn obwohl ich frei bin von jedermann, habe ich doch mich selbst jedermann zum Knecht gemacht, damit ich möglichst viele gewinne." (1Kor 9,19)

– Salutogene Strukturen brauchen immer wieder die Rückbindung an ihren Ursprung; sie brauchen die innere Qualität von Vertrauen und Liebe: „Seid niemandem etwas schuldig, außer dass ihr euch untereinander liebt; denn wer den andern liebt, der hat das Gesetz erfüllt." (Röm 13,8)

– Die Strukturen einer lebendigen Region setzen bewusst auf Qualität und greifen dabei auf Einsichten eines ganzheitlich orientierten Qualitätsmanagements zurück.[18]

1.8 Management

Management steht nicht für Inhalte, aber für die Organisation von Inhalten. Management entwickelt Strategien, plant Maßnahmen der Umsetzung und stellt Methoden und Ressourcen bereit.

In besonderer Weise ist Management bezogen auf die Aufgaben

– Herstellung und Sicherung von Qualität (z. B. als Service- und Beschwerdemanagement),

– Ermöglichung von Innovation,

– Organisation von kooperativen Prozessen,

– Behandlung von Unterschiedlichkeit (Diversity Management),

– Gewährleistung von Kommunikation,

---

18 Siehe Manfred *Bruhn*, Kundenorientierung. Bausteine für ein exzellentes customer relationship management (CRM), München 2003.

- Zurverfügstellung von Information,
- Organisation von Projekten,
- Umgang mit Konflikten.

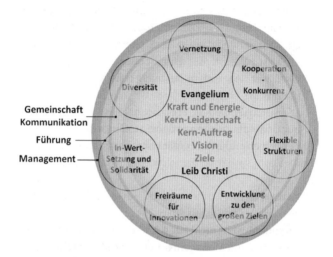

Verknüpfung mit dem Regionenkompass – dritter Ring:
Die Punkte 7 und 8 bildet den äußeren Wahrnehmungsring ab.

2. Der Regionenkompass

Der Regionenkompass ist sowohl ein Wahrnehmungs- als auch ein Steuerungsinstrument. Die sieben Aspekte einer lebendigen Region werden durch ihre Mitte vervollständigt und zusammengehalten: Evangelium und Leib Christi. Aus dieser Mitte kommt die grundlegende Orientierung aller Aspekte. Hier liegen auch die Quellen für Kraft, Energie, Leidenschaft, die Formulierung des Kernauftrags, die Vision einer lebendigen Region, langfristige und kurzfristige Ziele. Verbunden werden diese Aspekte außerdem durch drei weitere Wahrnehmungshilfen: Gemeinschaft (Wer?), Aufgaben und Haltungen der Führung (Wie?) und alle Aufgaben des Managements (Was?).

Die konkrete Beschäftigung mit einem Aspekt der Region kann exemplarisch so aussehen:

Am Anfang steht die gründliche Betrachtung der Region, zum Beispiel mit dem ZMiR-Werkzeug „So sind wir". Das führt zur Wahrnehmung regionaler Idenität, gemeinsamer regionaler Themen, ggf. einer regionalen Analyse und zur Entwicklung einer regionalen Vision.

Von dieser aus können dann die sieben Aspekte einer lebendigen Region betrachtet und untersucht werden. Hier werden einmal beispielhaft die Schritte vorgestellt für den Aspekt „Flexible Strukturen":

1. Welche Orientierung liefern Vision/Leitbild/Ziele für das Kennzeichen „Flexible Strukturen"?
2. Durch die Brille der Gemeinschaft betrachtet werden z. B. die Zusammenhänge zwischen „Strukturen" und „Kooperation", dann zwischen „Strukturen" und „Vernetzung" usw. betrachtet.

3. Durch die Brille der Leitung werden die gleichen oder andere Zusammenhänge betrachtet.
4. Durch die Brille des Managements werden die gleichen oder andere Zusammenhänge betrachtet.

Unverzichtbar ist in jedem Fall der Schritt 1, und zwar für alle Kennzeichen des Leibes Christi/der Region. Danach kann eine Auswahl getroffen werden je nach dem, was in einer Region gerade obenauf liegt. Ergänzende Blicke sind jederzeit möglich. Letztlich steht alles mit allem in Beziehung. Was konkret betrachtet, verändert und entwickelt wird, wird dann zum Teil des Konzepts einer lebendigen Region als Leib Christi.

Literaturverzeichnis

Manfred *Bruhn*, Kundenorientierung. Bausteine für ein exzellentes customer relationship management (CRM), München 2003.

Paul M. *Zulehner*, „Seht her, nun mache ich etwas Neues". Wohin sich die Kirchen wandeln müssen, Ostfildern 2011.

Gerald *Hüther*, Was wir sind und was wir sein könnten. Ein neurobiologischer Mutmacher, Frankfurt a. M. 2011.

Fritz B. *Simon*, Einführung in Systemtheorie und Konstruktivismus, Heidelberg 2011.

Rainer *Niermeyer*/Manuel *Seyffart*, Motivation, Freiburg 2011.

Wilhlem *Salber*, Die Morphologie des seelischen Geschehens, Bonn 2009.

Jens *Lönneker*, Morphologie, Die Wirkung von Qualitäten – Gestalten im Wandel, in: Gabriele *Naderer*/Eva *Balzer* (Hg.), Qualitative Marktforschung in Theorie und Praxis. Grundlagen, Methoden und Anwendungen, Wiesbaden 2007, 75–103.

Hans-Hermann *Pompe*/Thomas *Schlegel* (Hg.), MitMenschen gewinnen. Wegmarken für eine Mission in der Region, Leipzig 2011.

Peter *Kruse*, next practice. Erfolgreiches Management von Instabilität, Offenbach 2005.

Matthias *zur Bonsen*, Leading with life. Lebendigkeit im Unternehmen freisetzen und nutzen, Wiesbaden 2010.

Team ZMiR, Region als mehrdimensionaler Gestaltungsraum, Dortmund 2012 (erhältlich über das Dortmunder ZMiR-Büro oder Download unter <www.zmir.de/veroffentlichungen>).

Hans-Hermann *Pompe*/Christhard *Ebert*, So sind wir. Wie regionale Identität und Evangelium sich treffen können Dortmund 2012 (ZMiR:werkzeug, erhältlich über das Dortmunder ZMiR-Büro oder Download unter <www.zmir.de/veroffentlichungen>).

Peter *Böhlemann*/Michael *Herbst*, Geistlich leiten. Ein Handbuch, Göttingen 2011.

Folkert *Fendler*/Christian *Binder* (Hg.), Gottes Güte und menschliche Gütesiegel. Qualitätsentwicklung im Gottesdienst, Leipzig 2012, 183–211.

Heinzpeter Hempelmann

Auf dem Weg zu einer missionarischen Ekklesiologie für die Region

Neun Thesen und einige Wegmarken

1. *Begriff und Sache einer regionalen Ekklesiologie stellen zzt. noch vor mehr Probleme, als dass sie Perspektiven eröffnen und Lösungen präsentieren könnten.*

Es stellen sich eine Reihe von Fragen[1]:

(1) Wird Kirche in den reformatorischen Bekenntnisschriften nicht unter Voraussetzung eines konkreten Ortsbezuges gedacht?[2] Wie kann eine Region ein solcher Ort sein?

(2) Wie können wir erreichen, dass regionale ekklesiologische Formate nicht nur Kirchen *in* der Region, sondern Kirchen *für* die Region, Kirche *der* Region (gen. subj.) sind?

(3) Was ist das spezifische Format einer Kirche der Region? Was zeichnet sie aus? Was ist ihre Identität?

(4) Wie kann Regionalisierung von Kirche so gedacht wer-

---

1 Heinzpeter *Hempelmann*, Sichtbare Regionalkirche? Eine Defizitanzeige in konstruktiver Hinsicht, in: Daniel *Hörsch*/Hans-Hermann *Pompe* (Hrsg.): Region – Gestaltungsraum der Kirche. Begriffserklärungen, ekklesiologische Horizonte, Praxiserfahrungen, Leipzig 2012, 125–134.

2 „Es wird auch gelehrt, dass allezeit eine heilige, christliche Kirche sein und bleiben muss, die die Versammlung aller Gläubigen ist, bei denen das Evangelium rein gepredigt und die heiligen Sakramente laut dem Evangelium gereicht werden." (CA VII)

den, dass nicht zuerst und nicht allein Prozesse der Kürzung von finanziellen und personellen Ressourcen und von Verteilungskämpfen assoziiert werden?

(5) Was bedeutet überhaupt „Region"? Regionalisierung heißt ja in verschiedenen Regionen Deutschlands sehr verschiedenes.

(6) Wie sieht ein milieusensibler, lebensweltorientierter Regionbegriff aus, der diesen nicht nur in räumlichen Kategorien denkt?

(7) Wie können wir Dynamiken hin zu Veränderung initiieren und fördern? Wie sehen Konzepte aus, die an die gegenwärtige Lage anschlußfähig sind?

2. *Kirchliche Reaktionen auf gesellschaftlichen Wandel legen eine Ekklesiologie für die Region nahe.*

Es sind mehrere, Kirche vor allem „von außen" bewegende Gründe, die eine missionarische Ekklesiologie für die Region nahelegen:

(1) Die demographische Entwicklung und der u. a. dadurch gegebene Rückgang der Kirchenmitglieder führen zu einer fortwährenden Ausdünnung des parochialen Netzes.

(2) Region als „Zwischengröße" gewinnt im öffentlichen und staatlichen Leben eine zunehmende Bedeutung.

(3) Die Segmentierung und Fragmentierung der Gesellschaft überfordert die Ortsgemeinde, die nicht alle Milieus erreichen kann.

Alle drei Entwicklungen machen es sinnvoll, neben der Ortskirchengemeinde über ergänzende ekklesiale Gestalten nachzudenken.

3. **Organisatorisch** *liegt in der Zukunft der Schwerpunkt kirchlichen Handelns auf der sog. „mittleren Ebene".*

Das organisatorische Rückgrat einer missionarischen Kirche für die Region besteht in den Dekanen resp. Dekaninnen, Pröpsten bzw. Pröpstinnen, Superintendenten resp. Superintendentinnen, das repräsentative in den bereits ebenfalls vorhandenen Regional- bzw. Bezirkssynoden. Der mittleren Ebene kommt eine besondere Bedeutung zu, weil sie einerseits nahe an den kirchlichen Orten dran ist, aus übergeordneter Warte deren Ressourcen aber effizienter verwalten und einsetzen kann.[3]

Dekan und Bezirkssynode haben folgende Aufgaben:

(1) sinnvoller Einsatz von Stellen und Stellenprozenten unter bewußt einseitiger Schwerpunktsetzung

(2) Pluralitätsmanagement: welche Lebenswelten gibt es in der Region in welcher Verteilung? Wie können diese mit den vorhandenen Ressourcen erreicht werden?

(3) Organisation der Ortspfarrer(-innen), der Bezirksämter, der Sonderpfarrämter in der Region im Rahmen eines alle Aufgaben und Personen zusammen schauenden Managements

(4) Koordination von Ortskirchengemeinden, landeskirchlichen Gemeinschaften, speziell: Personalgemeinden (Gemeinschaftsgemeinden), Jugendgemeinden (CVJM, EC u. a.), Hauskreisgemeinschaften, fresh expressions, Funktionsgemeinden (in Gefängnis und Krankenhaus etc.) und Organisation der Kooperation unter einem gemeinsamen regionalen Dach („Verlinkung")

---

3 „Immer mehr erscheint die Kirche in der Gegenwart als eine arbeitsteilige Organisation, die spezialisierte und dann auch koordinierte Handlungsfelder mit definierten Zielen ausbildet." (Jan *Hermelink*, Regionalisierung in theologischer Perspektive, in: Stefan *Bölts*/Wolfgang *Nethöfel* (Hgg.), Aufbruch in die Region. Kirchenreform zwischen Zwangsfusion und profilierter Nachbarschaft, Hamburg 2008, [59–77], 71) .

- Organisation eines gemeinsamen öffentlichen Auftritts in den verschiedenen Medien: „So reich und vielfältig ist Kirche; so bunt ist kirchliches Leben"
- Gemeindebrief, mit speziellen Seiten für eine Ortsgemeinde
- gemeinsame Homepage, mit lebensweltlich spezifizierten Angeboten

4. **Ekklesiologisch** *ist das Konzept einer Kirche für die Region denkbar.*

Theologisch ist zu klären, welche Bedeutung der Lokalität und der Gemeinschaft für ein Kirchenkonzept jeweils zukommt und wie die biblisch-theologischen sowie reformatorischen Begründungszusammenhänge sind. Hier gibt es ein Reflexionsdefizit.

Theologisch sind folgende Momente für eine missionarische Ekklesiologie konstitutiv:

(1) Kirche ist zuerst und v. a. *creatura verbi*. Das Wort Gottes, das unser Herr Jesus Christus selber ist, schafft sich unter der Verkündigung des Evangeliums durch die Wirkung des Heiligen Geistes die lebensweltliche(n) Gestalt(en), die es braucht, um bei den Menschen und unter ihnen zu sein (incarnational, missional church). Diese zentrale protestantisch-*evangelische* Bestimmung von Kirche bedeutet maximale Spielräume für die Gestaltung der notwendigen Formate.

(2) Kirche ist nach dem Neuen Testament Funktions- und Kooperationsgemeinschaft (1Kor 3; 1Kor 12).

(3) Die Einheit der Kirche als wesentliches Moment ihrer missionarischen Ausstrahlung ergibt sich aus der Einheit von Vielen und Verschiedenartigen in dem Einen, aus dem sie gemeinsam sind und leben und der sie zusammenarbeiten lässt.

Eine missionarische Kirche in der Region nimmt diese Elemente auf:

- Sie ist inkarnational, insofern sie sich in die verschiedenen Lebenswelten verzweigt und ganz unterschiedliche Gestalten annimmt.
- Sie ist Kirche als Gemeinschaft von Dienenden und Kooperierenden.
- Sie ist eine Kirche, indem sie sich als Einheit begreift, organisiert und zusammen auftritt.

5. **Mental** *sieht sich missionarische regionale Ekklesiologie erheblichen Widerständen gegenüber.*

Wir haben es weitgehend verlernt, Kirche anders denn als Ortskirchengemeinde und parochial organisiert zu denken. Das Parochialsystem lebt von sechs Merkmalen:

- Territorialsystem
- Ortskirche
- Ortspfarrer/in
- Kindertaufe
- Pfarrzwang
- Landeskirchenrecht

Das Strukturmodell ist heute anachronistisch. Es „lebt offenbar von heute nicht mehr gegebenen Voraussetzungen: von der engen Verpflechtung politischer und religiös-kirchlicher Herrschaft, von der Immobilität einer Bevölkerung, die sämtliche ökonomischen, sozialen und religiöse Bedürfnisse am Wohnort decken muss, und kirchlicherseits von der Vorstellung einer wesentlich passiven Mitgliedschaft, die seitens der Organisation vor allem ‚versorgt' und daher ‚erfasst' werden muss"[4].

---

4 Jan *Hermelink*, Kirchliche Organisation und das Jenseits des Glaubens. Eine praktisch-theologische Theorie der evangelischen Kirche, Gütersloh 2011, 130.

Es kann helfen, sich und anderen zu vergegenwärtigen:

(1) Die parochiale Gestalt von Kirche ist ein geschichtlich gewordenes Format. Sie ist ein, aber nicht *das* (einzig legitime) Format von Kirche.

(2) Parochiale Gemeindestrukturen sind im Rahmen der Zusammenarbeit von Staat und Kirche ein Mittel gewesen, Menschen in religiöser Hinsicht zu organisieren, zu kontrollieren und zu reglementieren.[5]

(3) Ortskirchengemeindliche Veranstaltungsangebote interessieren heute nur noch eine kleine Minderheit von Menschen (der Sonntagmorgen-Gottesdienst als Hauptveranstaltung wird im Durchschnitt von 4 % der Kirchenmitglieder besucht, selbst an Weihnachten sind nur 25–30 % der Mitglieder in der Kirche zu finden).

(4) Wir brauchen keine alternativen, wohl aber ergänzende Gestalten von Kirche.

(5) Die Ortskirchengemeinden können und müssen noch lange Zeit das Rückgrat von Kirche sein. Ihm korrespondieren andere Gestalten von Kirche und kirchlichem Leben, mit denen wir noch einmal Menschen in ganz anderen Lebenswelten erreichen.

6. **Mental** *steht das Konzept einer missionarischen Kirche in der Region auch vor einer geistlichen Herausforderung.*

Alle Formen der Regionalisierung von Kirche müssen beachten: Die Präsenz der Kirche in der Fläche ist nicht nur ein organisatorischer Fakt, sondern ein geistliches Anliegen. Wer auf Formate der Vergemeinschaftung setzt, muss immer beachten, dass diese nicht nur inkludierende Wirkung haben, sondern auch exkludierend sind. Wer Menschen um

---

5 Jan *Hermelink*, Kirchenmitgliedschaft in praktisch-theologischer Perspektive, 52.

ein geistliches Zentrum versammelt, muss an die denken, die durch Rollstuhl, Rollator, durch Bildung und Sprache, auf Grund von kulturellen Barrieren und mentalen oder anderen Hindernissen nicht partizipieren können.

7. **Juristisch** *steht eine Veränderung kirchlicher Organisationsstrukturen vor Hindernissen.*
Eine über mehrere Jahrhunderte dominante Organisationsform hat sich eine entsprechende juristische Verfassung gegeben. Kirche wird in Kirchengesetzen und in den einschlägigen Regelungen ganz unwillkürlich von Kirche als Kirchengemeinde her gedacht und konzipiert, die im Gegenüber zur Kirchenleitung existiert.

Wer Wandel will, kann nicht warten, bis es hier zu einer grundsätzlichen Überarbeitung gekommen ist. Diese wird vielmehr erst dann geschehen, wenn sich das wirkliche kirchliche Leben so verändert, dass dieses juristisch nachvollzogen werden muss.

Sinnvoll ist die Installierung von *Projekten*, die einen Sonderstatus genießen. Wenn sie zahlreich genug sind, erzeugen sie einen Veränderungs- und Anpassungsdruck. Notwendig sind *Erprobungsräume*. Die Erfahrungen, die wir dort machen, können motivieren und Veränderungen auch im juristischen Bereich provozieren. Größere Veränderungen erhalten durch *Probedurchgänge* mehr Akzeptanz. Anliegen können besser verstanden und nachvollzogen werden, wenn sie einmal modellhaft umgesetzt worden sind. Genau hierfür braucht es Spielräume.

8. **Missionarisch** *eröffnet eine regionale Ekklesiologie zusätzliche Chancen, Menschen zu erreichen.*
   - Ortskirchengemeinden konkurrieren nicht mehr miteinander um ein möglichst komplettes Angebotsportfolio.

Sie kooperieren auf der Basis gabenorientierter Delegation von Aufgaben.

- Eine Synopse der verschiedenen kirchlichen Angebote vor Ort und in funktionalen Diensten hilft, verzichtbare Doppelungen zu vermeiden und setzt so Ressourcen frei, neue Zielgruppen anzusprechen.
- Wo die Christen einer Region sich als Einheit und einheitliche Organisationsgröße begreifen, können sie miteinander ein weit umfangreicheres und in der Regel qualitativ hochwertigeres Programm anbieten.
- Kirchen und Christen treten gemeinsam auf, in der regionalen Tageszeitung, im Gemeindeboten für die Region und auf einer gemeinsamen *Homepage*.

9. **Pastoraltheologisch** *führt die Umsetzung einer missionarischen Ekklesiologie für die Region zu tiefgreifenden Veränderungen im Bild des Pfarramts.*
- Der Pfarrer und die Pfarrerin sind nicht mehr allein zuständig für seinen/ihren Seelsorgebezirk. Er und sie sind nicht mehr „König/in in seinem/ihrem (Be-) Reich".
- Die Arbeit von Pfarrer und Pfarrerin teilt sich auf in einen ortsorientierten und einen aufgabenorientierten Dienst.
- Sie arbeiten unter der Moderation des Dekans und nach den Vorgaben der Bezirkssynode in einem *Team* mit.
- Bewerben sie sich, spielt die Frage der absolut häufigsten bzw. der dominanten Milieus sowie der jeweiligen Eignung, mit verschiedenen Lebenswelten umzugehen, eine wichtige Rolle. Sie arbeiten mit 60 % in einem ihnen parochial zugewiesenen Seelsorgebezirk, mit 40 % aber in überregionalen Diensten und Aufgaben mit. Grundversorgung und Beziehungsaufgaben werden kombiniert.
- Denkbar ist: Die Einführung geschieht nicht in eine konkrete Kirchengemeinde, sondern in einen Kirchenbezirk

(eine kirchliche „Region"). Der Ortsbezug wird aufgelöst oder relativiert.

- Pfarrer und Pfarrerin sind Fachleute für Gemeinschaftsleute, für Go-go-Senioren, für christlichen Hedonismus, für unterschiedliche Zielgruppen unter den Motorradfahrern, und sie sind für ihre Arbeit durch Herkommen und Prägung sowie durch ein milieusensibles Training in ihrer zweiten Ausbildungsphase vorbereitet worden.

- Die Lebensweltperspektive zeigt Milieus, die Pfarrer und Pfarrerin als selber milieuspezifisch geprägte Personen nicht erreichen. Statt nun die Reichweite von Kirche von der – immer begrenzten – Kompetenz der Hauptamtlichen abhängig zu machen, sollten wir von den Aufgaben (den fragmentierten und segmentierten Zielgruppen) her denken und fragen, wer diese, auch außerhalb des Kreises der Hauptamtlichen, wahrnehmen kann.

Liste der Autorinnen und Autoren

Martin Alex,
Dipl. Theologe, Greifswald, wissenschaftlicher Mitarbeiter am Institut zur Erforschung von Evangelisation und Gemeindeentwicklung an der Universität Greifswald

Ralph Charbonnier,
Dr., Burgdorf, Superintendent im ev.-lutherischen Kirchenkreis Burgdorf

Hans-Tjabert Conring,
Dr., Jurist, Bielefeld, Landeskirchenrat der Evangelischen Kirche von Westfalen

Markus Dröge,
Dr. Dr. h.c., Berlin, Bischof der Evangelischen Kirche Berlin-Brandenburg-schlesische Oberlausitz

Christhard Ebert,
Pfarrer, Bielefeld, Theologischer Referent im EKD-Zentrum Mission in der Region, Standort Dortmund

Heinzpeter Hempelmann,
Prof. Dr., MA, Schömberg, Theologischer Referent im EKD-Zentrum Mission in der Region, Standort Stuttgart, Professor an der Ev. Hochschule Tabor (Marburg) und Lehrbeauftragter an der Ernst-Moritz-Arndt-Universität Greifswald

Michael Herbst,
Prof. Dr., Greifswald, Lehrstuhl für Praktische Theologie der Ernst-Moritz-Arndt-Universität Greifswald, Direktor des Institutes zur Erforschung von Evangelisation und Gemeindeentwicklung an der Universität Greifswald (IEEG)

Juliane Kleemann,
Pfarrerin, Stendal, Theologische Referentin im EKD-Zentrum Mission in der Region, Standort Dortmund

Hans-Hermann Pompe,
Pfarrer, Wuppertal, Leiter des EKD-Zentrums Mission in der Region, Standort Dortmund

Nikolaus Schneider,
Dr. h.c., Berlin, Vorsitzender des Rates der Evangelischen Kirche in Deutschland (EKD)

Hubertus Schönemann,
Dr., Erfurt, Leiter der Katholischen Arbeitsstelle für Missionarische Pastoral (KAMP)

Verweis auf Erstveröffentlichungen

Die Beiträge von H.-T. Conring, M. Dröge, M. Herbst und H. Schönemann erschienen bereits in der epd-Dokumentation 5–6/2013. Der Vortragsstil wurde beibehalten, sie wurden z.T. für diese Ausgabe erweitert.

Materialien aus der ZMiR-Arbeit

ZMiR:praktisch

Die ZMiR:praktisch-Reihe bietet kompaktes Material, um Themen mit Ehrenamtlichen in Leitungsverantwortung zu bearbeiten und direkt praktisch anzuwenden. Bereits erschienen:

 KOOPERATION: Gemeinsam mehr bewirken - regionale Kooperation entdecken

  SALZ DER REGION: Missionarische Präsenz - achtsam und einladend

VERÄNDERUNG aktiv gestalten

LAND IN SICHT - Kirche in der Fläche

Schutzgebühr pro Heft: 1,50.-€
Kostenloser Download: http://www.zmir.de/veroffentlichungen

ZMiR:klartext

Die KLARTEXT-Reihe bietet tiefergehende Studienergebnisse, Vorträge und praktische Beispiele und wird laufend erweitert. Bisher erschienen:

 Christhard Ebert: Veränderungsprozesse

 Daniel Hörsch: Missionsland Deutschland

 Team des ZMiR: Region als mehrdimensionaler Gestaltungsraum

Schutzgebühr pro Heft: 2,50.-€
Kostenloser Download: http://www.zmir.de/veroffentlichungen

Bestellungen: EKD-Zentrum für Mission in der Region, Olpe 35, 44135 Dortmund, Tel 0231/540934, Mail info@zmir.de

Materialien aus der ZMiR-Arbeit

ZMiR:werkzeug

Die werkzeug-Reihe bereitet einzelne Themen auf und bietet praktische Schritte der Umsetzung. Bisher erschienen:

ZMiR:praktisch Anwendungen - eine kleine Didaktik für die Praktisch-Reihe

Innovationen und frühe Mehrheiten - die Diffusionsformel von Everett Rogers für die Ev. Kirche

Schlüsselpersonen vor Ort und in der Region - ein Interviewleitfaden

Vertrauenbildung in der Region. Sieben Klimaverbesserer für Kooperation, Mission und Entlastung

So sind wir. Wie regionale Identität und Evangelium sich treffen können.

Kostenloser Download: http://www.zmir.de/veroffentlichungen

Bestellungen gedruckter Exemplare gegen Schutzgebühr: EKD-Zentrum für Mission in der Region, Olpe 35, 44135 Dortmund, Tel 0231/540934, Mail info@zmir.de

Materialien aus der ZMiR-Arbeit

ZMiR:doku / epd-Sonderdrucke

Die ZMiR:doku-Reihe bietet die Dokumentation der ZMiR-Fachgesprä-
che, während die Sonderdrucke der epd-Dokumentationen die ZMiR-
Tagungen dokumentieren. Bisher erschienen:

Quo vadis, Region? Fachgespräch am 16.05.2011,
Erfurt. ZMiR:doku 1-11

Mitgliederorientierung - zwischen Verheißung und Verurteilung? Fachgespräch am
28.03.2012, Dortmund. ZMiR:doku 2-12

Milieusensible Kirche. Fachgespräch am
18./19.06.2012, Dortmund. ZMiR:doku
3-12

Widerstand ohne Ergebung. Kirchliche Selbstblockaden und ihre
Überwindung. Fachgespräch am
21.03.2013, Hofgeismar.
ZMiR:doku 4-13

mehr-wert:
Mission in
der Region.
Tagung am 8./9.6.2010, Volkenroda

Regional ist 1. Wahl. Region als Gestaltungsraum für Kirche. Tagung am 19./20.10.2011,
Hofgeismar.

Freiraum - Theologische, juristische und
praktische Ermöglichungen für Kirche in
der Region. Tagung am 19./20.11.2012,
Hofgeismar

Kostenloser Download: http://www.zmir.
de/veroffentlichungen
**Bestellungen gegen Schutzgebühr: EKD-
Zentrum für Mission in der Region, Olpe 35, 44135 Dortmund, Tel
0231/540934, Mail info@zmir.de**